Fenji Xinshidai

Enshizhou Jingji Shehui Fazhan Xueshu Lunwenji

奋楫新时代

恩施州经济社会发展学术论文集

杨洪林　杨国庆◎主编

中央民族大学出版社
China Minzu University Press

图书在版编目（CIP）数据

奋楫新时代：恩施州经济社会发展学术论文集 / 杨洪林，杨国庆主编．北京：中央民族大学出版社，2025. 9. --ISBN 978-7-5660-2436-7

Ⅰ. F127.632-53

中国国家版本馆CIP数据核字第2024RJ2768号

奋楫新时代：恩施州经济社会发展学术论文集

FENJI XINSHIDAI: ENSHIZHOU JINGJI SHEHUI FAZHAN XUESHU LUNWENJI

主　　编　杨洪林　杨国庆

策划编辑　李苏幸

责任编辑　杜星宇

封面设计　舒刚卫

出版发行　中央民族大学出版社

北京市海淀区中关村南大街27号　　邮编：100081

电话：（010）68472815（发行部）　传真：（010）68933757（发行部）

（010）68932218（总编室）　　（010）68932447（办公室）

经 销 者　全国各地新华书店

印 刷 厂　北京鑫宇图源印刷科技有限公司

开　　本　787×1092　1/16　　印张：14

字　　数　220千字

版　　次　2025年9月第1版　2025年9月第1次印刷

书　　号　ISBN 978-7-5660-2436-7

定　　价　76.00元

目　录

恩施土家族苗族自治州建州40周年学术研讨会综述

石云妹

2023年7月27日至30日，由中共恩施土家族苗族自治州委、恩施土家族苗族自治州人民政府、湖北省民族宗教事务委员会主办，中共恩施土家族苗族自治州委统战部、恩施土家族苗族自治州民族宗教事务委员会、恩施土家族苗族自治州文化和旅游局、湖北民族大学承办的恩施州推进中华民族共同体建设的历史贡献与现实路径研讨会在恩施市胜利召开。本次学术研讨会是庆祝恩施土家族苗族自治州建州40周年系列活动之一。

省委统战部副部长、省民宗委党组书记、主任沙玉山，恩施州委副书记、州长夏锡璠，恩施州人大常委会主任、州委副书记尹达，恩施州政协主席吴建清，恩施州委常委、州委统战部部长田金培，恩施州副州长许强，湖北民族大学党委书记向前进出席会议。

来自中国社会科学院、北京师范大学、四川大学、武汉大学、中央民族大学、西南大学、云南民族大学、中南民族大学、华中师范大学、湖北民族大学等20多所高校和科研院所的180余名专家学者参加会议。与会学者围绕“恩施州推进中华民族共同体建设的历史贡献与现实路径”进行广泛研讨，形成了丰富的理论成果。

主旨发言环节，中国社会科学院民族学与人类学研究所所长王延中、中南民族大学副校长段超、中山大学教授周大鸣、湖北大学教授黄柏权、云南民族大学原校长那金华、湖北省社会科学院原副院长刘玉堂、北京师范大学教授高丙中、中南民族大学教授柏贵喜分别以《铸牢中华民族共同体意识与推进中华民族共同体建设》《恩施自治州创建全国铸牢中华民族共同体意识示范州的路径》《族群迁徙对恩施州民族交往交流交融的影响》《从传统建筑看各民族交往交流交融》《关于铸牢中华民族共同体意识宣传教育的恩施路径研究》《恩施州历史文化创造性转化和创新性发展的几点思考》《身份识别、经济发展与家园建设：追寻潘光旦和费孝通先生的武陵足迹》《协同推进中华民族共同体和中华民族现代文明建设——兼论恩施州高质量铸牢中华民族共同体意识的基础与实践路径》为题，做了兼具理论和实践价值的学术报告。

分组讨论环节，参会专家学者紧紧围绕“恩施州全面推进中华民族共有精神家园建设”“恩施州推动各民族共同走向社会主义现代化”“恩施州促进各民族交往交流交融”“恩施州提升民族事务治理体系和治理能力现代化水平”四个议题展开探讨。从民族学、民俗学、历史学、政治学等多学科、多角度阐释恩施州建设中华民族共同体的历史贡献和进一步推进的现实路径。

一、恩施州推进中华民族共有精神家园建设

“加强中华民族大团结，长远和根本的是增强文化认同，建设各民族共有精神家园，积极培养中华民族共同体意识”。恩施人民对抗战文化、红色文化的挖掘与利用，非物质文化遗产的传承与发展促进了中华民族共有精神家园建设。当前，要在实践中继续探索中华民族共有精神家园建设的恩施路径。

（一）恩施人民抗战与中华民族共有精神家园建设

恩施州各族人民有着“天下兴亡，匹夫有责”的使命担当，在抵御外敌的过程中涌现了一批批可歌可泣的历史英雄人物。他们振奋人心的故事始终激励着中华儿女，是推进中华民族共同体建设的精神力量。

向金昊提到容美土司抗倭作为土司家族和地方社会记忆的一部分，蕴

含着家国一体、保家卫国的伦理对促进中华民族共同体意识具有重要意义。宋雪婷认为晚清时期陈连升抗英的故事，如今依旧发挥着指引国家统一与民族团结的重要功能。于晓欣认为陈连升为国捐躯的精神始终激励着中华儿女走上革命、建设、改革、复兴之路，在这种爱国情怀鼓舞之下，祖国一步步变得团结、强盛。赵木龙表示英雄人物创造的精神遗产是中华民族的共同宝藏，为中华民族共有精神家园注入强大的动力和灵感。

李秀林指出鄂西南各民族在共同抗日过程中从自在发展走向自觉联合，中华民族共同体不断巩固。陈国旭以“忠堡大捷”为代表，认为恩施红色文化蕴含着丰富的历史底蕴和精神元素，承载着共同精神家园建构的精神内核。刘德炅认为恩施作为全民族抗战的重要战区，在建立抗日民族统一战线的过程中培育了中华民族共同体意识。

覃章梁认为建州40周年之际，回顾、学习恩施红色历史，有助于全州推进中华民族共同体建设。刘和银认为，革命文物丰富了中华民族共有精神家园的内涵，新时代革命文物保护是延续中华民族精神的持久表达。徐应时认为充分利用恩施红色文化资源能够推动中华民族共有精神家园建设。杨春娥、王星航认为推动红色文化符号与当前思政教育融合，能满足各族人民对美好生活的向往的精神需求，也可为促进民族团结进步奠定思想基础。

（二）文化发展与铸牢中华民族共同体意识

文化遗产承载着民族的历史与文明，是增强中华文化认同的有效载体。新时代，要做好文化“创造性转化，创新性发展”。林继富认为文化生态保护区建设助力铸牢中华民族共同体意识，文化生态保护区建设关涉保护区非物质文化遗产，以及保护区内人际、族际的交往交流交融关系，从历史社会和现代生活关系看文化生态保护区建设，无不朝向区域社会的共同性建构，贯穿了铸牢中华民族共同体意识的核心力量。杨文以清江流域的撒叶儿嗬为例，认为其形成的身体记忆、社会规约与社群组织是村落共同体的重要表征，有助于强化集体认同、凝聚共同情感。

刘玉堂指出，要着力推出恩施州历史文化研究的标志性成果、大力传播恩施州优秀历史文化的精神特质、全力实施恩施州历史文化“双创”的“五个一工程”。皮泓漪从共享文化符号的挖掘和利用角度，认为通过提供有效的技术指导、强化宣传教育、部门分工协作，才能更好树立鄂西南地区的中华民族共享文化符号。罗民健认为，历经时代变迁，在新时期如何对传统祠堂文化资源进行创新性转化和创造性发展，对铸牢中华民族共同体意识具有重要的意义与价值。

（三）铸牢中华民族共同体意识的恩施实践

中华民族共同体建设是历史的，也是现实的，更是未来的。新时代恩施州要在现有成果的基础上积极探寻铸牢中华民族共同体意识的新方向。

王延中认为恩施州推进中华民族共同体建设的积极实践及特色经验有完善领导、责任、规划体系，加强党对民族工作的全面领导；深入推进宣传教育、核心价值观念、传统文化传承问题向纵深发展，建设中华民族共有精神家园；突出生态优先、民生改善、乡村振兴三大重点，推动恩施州绿色崛起高质量发展；依托公共服务、全域旅游、区域协作平台，促进各民族交往交流交融；构筑基层治理、依法治理、意识形态防线，确保民族团结和谐稳定。段超表示，当前恩施州创建全国铸牢中华民族共同体意识示范州要强化理论武装，贯彻习近平总书记关于加强和改进民族工作的重要思想，做好基层设计：建设全国铸牢中华民族共同体意识示范州规划；全面准确理解铸牢中华民族共同体意识的深刻内涵；积极推进“七大示范工程”；将铸牢中华民族共同体意识工作与社会经济发展工作有机结合；强化铸牢中华民族共同体意识示范州建设的组织保障。那金华认为，恩施州创建铸牢中华民族共同体意识宣传教育模范州要建立健全工作体系；健全铸牢中华民族共同体意识宣传教育模范州的常态化机制；实施以铸牢中华民族共同体意识为主线的恩施“七大模范”创建工作；开展以铸牢中华民族共同体意识宣传教育恩施“典范”培育研究工作。柏贵喜认为，恩施州高质量铸牢中华民族共同体意识要协同推进“双建”；认真落实“两个结合”；切实践行“铸牢”教育；有效促进“三交”；积极做好“四大文化工程”。崔榕认为，当前发展民族地区旅游业，有助于各民族铸牢中华民族共同体意识，民族地区应当顺应新时代民族工作的要求，积极调整旅游产业发展思路，在发展旅游业的过程中做好铸牢中华民族共同体意识工作。

冉红芳、罗娇认为，新一轮全国民族团结进步示范州创建工作的成功，标志着恩施州有形有感有效做好铸牢中华民族共同体意识工作，新时代党的民族工作高质量发展取得了新成果。陈礼双认为恩施州形成了新时代铸牢中华民族共同体意识的“恩施经验”。曾嘉认为，恩施州宣恩县扎实推进全国民族团结进步示范县创建，形成、巩固了各民族和睦相处、和衷共济、和谐发展的局面。

曹召胜认为，民族高校要以高度的政治自觉，扛起铸牢中华民族共同体意识的主体责任，促进各民族交往交流交融向纵深发展。董鑫认为，中小学是铸牢中华民族共同体意识的主要阵地，恩施州中小学要在民族团结及爱国主义教育基础上优化宣传教育路径。

二、恩施州促进各民族交往交流交融

恩施州是多民族交融汇聚为一体的重要区域，历史移民、改土归流、茶盐古道、旅游业是各民族交往交流交融的历史见证。

（一）历史移民与民族交往交流交融

周人鸣认为，恩施州历史上的族群迁徙促进了民族广泛交往和全面交流，重塑了民族格局，形成了民族互嵌式社会结构，促进了发展方式转变和经济交融，助推了中华民族共有精神家园建设。陈文元认为明代在包括恩施州在内的南方民族地区广设卫所，迁入卫所的大量移民进一步促进了中华民族共同体的发展。王泽泓认为秦汉以来的移民活动规模大，时间长，对恩施州政治、经济、文化、民族等方面都产生了巨大影响。

（二）改土归流与民族交往交流交融

改土归流对民族关系有着重要影响，改土归流消减了民族之间的隔阂，加快人口空间流动、经济生产联系、文化借鉴以及族际通婚，有力促进了民族地区社会、政治、经济、文化形成“你中有我，我中有你”的格局。

岳小国、赵海鑫认为，土司姓名文化是元明清时期不同民族之间交往交流交融的一个生动注脚。莫代山认为改土归流使得封建王朝国家疆域得以稳固、国家意志得以在改土归流区贯彻、对改土归流区民众的教化得以全面推行。严冬认为，方志文本关于少数民族国家认同的书写，是地方官绅和民众凝聚共识的文化实践，体现了中华民族从“自在”到“自觉”的历史记忆，这种历史记忆具有超越时空的延展性和稳定性，为中华民族的“自觉”提供了社会情感基础。陈龙桥认为历史上恩施地区的改土归流对加强中华民族共同体建设、巩固和加强多民族国家统一、促进社会和谐发展具有重要意义。石云妹认为，鄂西南改土归流后政治的调适、经济发展方式的转变以及文化的演进促进了鄂西南各民族的交往交流交融。

（三）商业、旅游业发展与民族交往交流交融

恩施州的商业古道为民族交往交流交融提供了场域。何泽勋认为古茶道是中国统一的历史见证也是民族团结的象征。巩家楠认为鄂西南自古以来是我国重要的产茶区域，产茶区城的不断扩大，促使以粤商为主体的外地商人和本地商人群体不断壮大。顾珈溶认为茶盐古道在语言、生产方式、思想文化、文学戏剧、价值观念上相互影响，有利于促进沿线各民族的中华民族认同。

恩施州旅游业发展促进了各民族交往交流交融。高丙中认为今日的武陵山区已经不是昔日封闭的“桃花源”，因为开放而大量存在的苏马荡式游客聚居区，使得今日恩施州所处的武陵山区理应成为现代技术条件下的开放桃花源的宜居家园。廖建洲认为，旅游业是朝阳产业，具有产业链长、关联度大、带动力强、发展后劲足等特点，在促进各民族交往交流交

融中具有独特优势。廖正丽认为“女儿会”传承至今，节日文化空间不断扩大，从土家族的传统习俗演变为各民族共享的文化符号和区域性节日，成为各民族交往交流交融的重要载体。王潇认为，在民族地区大力发展旅游业，不仅为当地带来可观的经济收益，促进各民族共同富裕，还能更好展现民族文化的魅力，助推各民族交往交流交融。柴格格认为，恩施地区的“女儿会”在文旅融合的推动下，已经从日常生活走向舞台展演，成为各民族文化互鉴的平台。王珂认为，旅游业在促进经济社会发展的同时，还为各民族交往交流交融提供了广阔的场域。

（四）恩施州各民族交往交流交融的现实案例

黄柏权认为，恩施州的传统建筑类型、建筑伦理观念、建筑文化符号都体现了各民族交往交流交融。范洪涛亦认为恩施土家族传统村落建筑与中原文化密切相关，恩施土家族传统村落建筑是各民族交往交流交融的生动案例。余静认为对传统民居功能探索与发展研究，有利于促进各民族在生活、文化、情感上的交往交流交融。梅杰以高拱桥村为田野点，认为高拱桥村通过互惠交往、文化交流、精神交融实现各民族交往交流交融，为恩施州多民族村落的民族交往交流交融提供微观个案价值。李月认为建筑行业农民工人口迁移推进民族互嵌向纵深发展，消除民族隔阂，拉近了各民族的关系，增进了各民族的中华民族共同体意识。

三、恩施州推动各民族共同走向社会主义现代化

走向社会主义现代化是恩施州各族人民的共同追求。在这一过程中，恩施州各族人民要发掘和利用现有资源，融入国家的整体发展格局。

（一）“两山”实践创新示范区建设

龚志祥认为，武陵山区民族村落建筑文化中顺应与制衡的自然策略，能够帮助我们用一种更加均衡的态度来处理生态问题，对探索中国式现代

化中人与自然的关系具有重要的现实意义。谭贤楚认为，恩施州要实现高质量发展，必须践行“两山论”，加强生态文明建设，转变经济发展方式，走绿色可持续发展之路。马兹河认为要从党史发展视域出发，以发现恩施绿色发展的历史规律，更好促进恩施绿色生态发展。周炀阐述了恩施州创建“两山”实践创新示范区的优势条件、主要举措和面临的现实问题，从实践层面提出了针对性的对策建议。贾斌、赵慧翔认为，在空心化日益严重的恩施乡村地区共同缔造美好环境与幸福生活，要推动产业、人才、文化、生态、组织等健康发展和全面振兴。张新平、游宇构建了恩施州的GEP核算指标体系，为恩施州生态系统生产总值的核算提供理论基础和方法，同时也为恩施州生态价值转换提供了理论依据和数据支撑。

（二）巩固拓展脱贫攻坚成果同乡村振兴有效衔接

脱贫攻坚的全面胜利，使困扰恩施各族人民的绝对贫困问题得到了解决，但这不是终点，而是继续奋斗的起点，恩施州各族人民要乘势而上，续写乡村振兴新篇章。

万磊认为，恩施州应“借好东风”扬帆起航，在乡村治理的过程中加强各民族交往交流交融，共同推动恩施地区乡村振兴、繁荣富强。王莹会认为，要利用驻村尖刀班打头阵，紧贴群众需求、紧抓产业振兴增强“造血”能力、强化人才队伍共建和美乡村。罗杉认为，恩施各族人民走向共同富裕要抓住国家机遇、促进经济发展、着眼群众多元需求、缩小城乡差距、改善基础设施、保护和传承民族文化。焦延博认为应通过加强党建、促进非物质文化遗产开发以及增强公共文化服务体系等措施进一步推进乡村文化振兴，实现铸牢中华民族共同体意识的进一步发展。陈萍以恩施玉露为例，认为巩固拓展脱贫攻坚成果同乡村振兴有效衔接要强化政策保障、加大品牌宣传、发展龙头企业、延长产业链、深入挖掘文化内涵、构建制作技艺课程。朱迎风、张明波认为民族地区的高质量发展要融入当地独特的红色文化，将红色文化融入民族地区产业发展之中。

四、恩施州提升民族事务治理体系和治理能力现代化

新时代，迎接美好生活的同时也会面临纷繁复杂的难题，需要不断提升民族事务治理体系和治理能力现代化，巩固已有成果，继续开创新辉煌。

唐胡浩认为，应当积极建构起新时代党的民族工作格局，把铸牢中华民族共同体意识作为党的民族工作的纲。周珍珍认为要在城市民族工作中以政治引领中华民族共同体意识、以教育厚植中华民族共同体意识、以文化浸润中华民族共同体意识。杨国庆以CZ社区为个案，认为再组织化是推进铸牢中华民族共同体意识的重要抓手，社区应按再组织化的逻辑，构建多元化组织平台，提升工作力度与效度，铸牢各族居民的中华民族共同体意识。宋洋以茅田乡为例，认为村规民约是乡村振兴的新动能，村规民约的完善将使民族地区基层社会得到更好发展。张璐楠认为在民族事务治理体系现代化中要推动“铸牢中华民族共同体意识”写入地方立法，完善多元共治的民族事务治理模式。

五、结 语

恩施州在建州40周年之际，召开恩施州推进中华民族共同体建设的历史贡献与现实路径研讨会得到学界的积极响应和支持。会前，会议承办方邀请相关专家学者来恩施州实地调研，为这次学术会议的高质量召开打下了坚实基础。与会学者从历史、现实、未来三个维度展开探讨，深入总结了恩施州各族人民对推进中华民族共同体建设的贡献，分析现实条件，探讨未来继续推进之路。各位学者讨论热烈，既有学术观点的交锋，也形成了很多学术共识，为恩施州推进中华民族共同体建设，铸牢中华民族共同体意识提供了真知灼见。

恩施州全面推进中华民族
共有精神家园建设研究

鄂西南红色文化符号与思政教育的互动路径

杨春娥[①]

红色文化是文化自信的重要源泉，红色文化符号更是文化自信的内蕴表征。从文化自信视角探究红色文化符号与思政教育之间的互动关系，具有重要的理论价值和实践意义。本文立足问题导向，基于鄂西南革命老区红色遗产资源的考察，从现实需求层面探究文化自信视野下红色文化符号在思政教育中的时代价值：红色文化符号是增强中华民族文化自信的思政教育功能体现，是推进红色文化自信自强思政教育的重要源泉，是践行社会主义核心价值观铸魂育人的重要内容。本文从实践路径层面探讨红色文化符号在思政教育中增强文化自信的实现路径：深度挖掘红色文化符号内蕴，涵养社会主义核心价值观；统筹保护利用革命文物的思政教育资源，传播与弘扬红色文化符号；注重红色旅游教育资源开发，树立和突出各民族共享的红色文化符号；红色文化遗产资源融入大中小学思政课一体化教学建设，教育传承红色文化符号。

关键词：文化自信；红色文化符号；红色遗产；思政教育；鄂西南革命老区

一、问题的提出

文化自信是一个国家、一个民族、一个政党对自身文化主体性的确

---

① 杨春娥，三峡大学马克思主义学院副教授，硕士生导师。

认、对自身文化价值和所具有的文化优势的充分肯定，以及对自身文化生命力和文化创造力的坚定信念。国家视野下，重要风景和文化成为构建现代民族国家形象和其文化自信的重要媒介："美国黄石国家公园的创设体现出国族意识，格林兄弟收集德国历史和民间传说建构属于德意志的民众文化"①；持续百年的"环法自行车赛"成为法国国家仪式②；日本的地理学家、评论家志贺重昂（1863—1927）所著的《日本风景论》被视为一个通过风景建构国族想象的典范；中国国家博物馆展览的红色文化历史记忆塑造了国家形象，展现了中华民族文化自信。

近代以来，各族人民在中国共产党领导下探索革命道路、建立红色政权、谋求经济社会发展、实现民族区域自治和民族团结进步伟大实践，在革命战争年代、社会主义建设时代和改革开放新时期创造了丰富多彩和具有各民族特色的红色文化符号。创新利用好红色文化符号，正是体现国家宏观视野下文化自信的"正典"之意，也是弘扬红色文化精神、继承红色基因的重要任务，更是构筑中华民族共有精神家园，铸牢中华民族共同体意识的必然要求。以习近平同志为核心的党中央对此都极为重视。党的十八大以来，习近平总书记提出坚定文化自信这一时代课题，同时，在新时代将传承红色基因上升到坚定中国文化自信和治国理政的新高度。党的十九大报告指出："中国特色社会主义文化，源自于中华民族五千多年文明历史所孕育的中华优秀传统文化，熔铸于党领导人民在革命、建设、改革中创造的红色文化和社会主义先进文化，植根于中国特色社会主义伟大实践。"③党的二十大报告进一步指出，"推进文化自信自强，要以社会主义核心价值观为引领，发展社会主义先进文化，弘扬革命文化，传承中华优秀传统文化"④。文化自信视野下如何在思政教育中体现红色文化符号的时代价值及其实践路径，是一个亟待理论研究和实践探索的重要问题。

---

① 李政亮：《风景民族主义》，《读书》2009年第2期。

② 路倩：《环法自行车赛的英雄塑造与法国国家认同》，《文体用品与科技》2019年第1期。

③ 习近平：《决胜全面建成小康社会 夺取新时代中国特色社会主义伟大胜利——在中国共产党第十九次全国代表大会上的报告》，新华社2017年10月27日。

④ 习近平：《高举中国特色社会主义伟大旗帜 为全面建设社会主义现代化国家而团结奋斗——在中国共产党第二十次全国代表大会上的报告》，新华社2022年10月25日。

“文化符号”（Culture Symbol）的概念最早由德国的恩斯特·卡西尔（Ernst Cassirer，1874—1945）提出，他将各种文化现象，例如神话、宗教、语言、艺术、历史、科学等，都看作是语言的符号形式。哈布瓦赫（1877—1945）认为：“了解过去，主要应通过象征符号、仪式研究以及史志和传记。”[①]美国詹姆斯·凯瑞提出：“用人类创造的符号可以起到架构、传播思想与表达意图的功能。换言之，他们利用符号以建构一个可以共同生活的文化。”[②]2004年，刘寿礼在《苏区“红色文化”对中华民族精神的丰富和发展研究》一文中正式提出了“红色文化”概念，[③]相关红色文化符号研究也由此应运而生。党的十八大以来，学界研究主要集中在红色文化符号的基本形态及其应用上，目前，探讨其与思政教育互动关系的相关研究尚未发现。学者们总体认同红色文化符号是“在中国共产党带领人民群众在实践中形成的，承载着红色文化信息和红色精神意义的符号形式，具有政治意义”[④]。李月玲认为：“革命遗址、革命文物文献、重要历史事件及历史人物、文学艺术作品、红色影视歌曲、纪念地纪念馆纪念碑纪念日纪念仪式等，连同党的指导理论、宗旨性质、理想信念、初心使命等话语的凝练表达，共同构成一整套红色文化符号系统。”[⑤]李康平认为：“红色资源开发对于爱国主义教育、党员党性修养、培育公民价值观和增强‘五个认同’的积极价值和作用。”[⑥]焦红波认为要“通过丰富多样的符号文本（红色文化形式）或介质向社会传播红色文化符号，以此推动红色

---

① [法]莫里斯·哈布瓦赫：《论集体记忆》，毕然、郭金华译，上海：上海人民出版社，2002年，第4页。

② 詹姆斯·W. 凯瑞：《作为文化的传播：“媒介与社会”论文集》，丁未译，北京：华夏出版社，2005年，第28页。

③ 邓显超、邓海霞：《十年来国内红色文化概念研究述评》，《井冈山大学学报（社会科学版）》2016年第1期。

④ 邱爽：《中华人民共和国成立初期马克思主义话语体系构建：基于红色文化符号表征的分析》，《华中科技大学学报》2020年第4期。

⑤ 李月玲：《红色文化符号：内在表征、衍生逻辑与价值深化》，《长江师范学院学报》2023年第1期。

⑥ 李康平：《中国革命文化基本理论问题研究》，《马克思主义研究》2015年第4期。

文化的日常生活化和传承弘扬”[①]。

总体而言，红色文化符号经由遗产化和资源化重组，依托学校、旅游和文物等场域创造性转化为思政教育资源，承担着新时期中华民族伟大复兴进程中增强文化自信、党史学习教育、革命传统教育、爱国主义教育、践行社会主义核心价值观、保护红色文化遗产以及带动革命老区旅游高质量发展的特殊使命。这将是在“文化 — 社会史”语境中回溯历史，探讨形塑国民意识“记忆之场”[②]的实践，红色遗产资源开发“将过去的记忆、现在的形象和未来的愿景相互重叠”，进而呈现出红色文化符号的当代视觉形象，强化红色文化记忆与认同。可见，从文化自信视角如何看待红色文化符号与思政教育之间的互动关系，更需要在“民族共有、文化互联、命运相同中发现提炼和铸造重叠共识”[③]。

鄂西南革命老区地处湘鄂川黔交界区域，主要包括恩施土家族苗族自治州和宜昌市，属于武陵山区，交通闭塞，崇山环绕，河流纵横，森林密布，物产丰富，符合建立革命根据地、组织革命活动的典型地理特征。土地革命时期，鄂西南各地留下了大量的革命旧址、历史遗迹、红色人文活动等红色遗产。据1987年革命文物普查数据统计：“仅恩施州共有300多处。”[④]自2021年6月起，宜昌市启动了新一轮普查工作，到2022年3月普查工作顺利完成，统计红色遗址遗迹共有430个。[⑤]部分红色遗址遗迹已被列为全国或省、州、县（市）重点文物保护单位和爱国主义教育基地。根据2018年《湖北省革命文物名录》和2021年《湖北省不可移动革命文物名录（第一批）》数据表明：宜昌有50处，约占湖北省的7%；恩施州有75处，占湖北省的10%。田野调查选点具有代表性。对此，本文旨在从鄂西南革命老区选取有代表性红色遗产资源的个案出发，通过访谈式问

① 焦红波：《红色文化符号及其传播系统建构》，《应用新闻研究》2022年第4期。

② [法]皮埃尔·诺拉：《记忆之场：法国国民意识的文化社会史》，南京：南京大学出版社，2013年。

③ 纳日碧力戈：《双向铸牢中华民族共同体意识》，《中南民族大学学报》2019年第4期。

④ 恩施老区建设促进会、恩施州扶贫开发办公室编：《恩施州革命遗址》，北京：中共党史出版社，2008年，第4页。

⑤ 宜昌市老区建设促进会编，林畅、扬成平编著：《宜昌革命遗址》，北京：中共党史出版社，2022年，第405页。

卷调查、沉浸式体验与观察等方法，探寻红色文化符号在思政教育中如何增强文化自信的价值体现与共同路径。

二、现实需求：文化自信视野下红色文化符号在思政教育中的时代价值

（一）红色文化符号是增强中华民族文化自信的思政教育功能体现

新时代“符号性、主体性、包容性和指向性是文化自信的主要特征”[①]。红色文化符号是文化自信的时代载体，同时也具有思政教育价值功能，更是增强文化自信和思政教育功能的具体表现。思政教育赋予资政育人功能，体现了个体功能和社会功能，促进了各民族在政治、经济、文化等方面的全面发展。红色文化符号是党领导中国人民在革命、建设时期，以马克思列宁主义为指导，吸收中外优秀文化养分所创造的先进文化符号，是中国共产党人和各族人民优良传统和品格风范象征意义的精神标识。红色文化符号承载了中国近百年的红色文化历史记忆，是对中华优秀传统文化的传承与发展的结果，更是中国共产党人根据新的历史境况做出的创新与推进。这两者之间是历史延续而非历史断裂，并且形成了一种彼此支撑、相互促进的共存关系。没有中华优秀传统文化的文化自信，是轻飘的“忘本”之举；没有红色文化符号的文化自信，则是茫然的“丢魂”之态。在传承中华优秀传统文化的同时，弘扬红色文化符号，亦是增强中华民族文化自信的重要内容。

在中国特色社会主义新时代，增强红色文化自信是实现“中国梦”的实践动力。推动红色文化符号与思政教育工作融合，既可满足各族人民对美好生活的向往的精神需求，也可为促进民族团结进步奠定思想基础，对我国社会主义文化教育事业的繁荣发展提供助益。随着社会经济的持续增长，各民族人民期盼着美好生活，而日益提升的各族人民生活水平与精神

---

① 卢致苑、谢云天：《文化自信视野长征精神的当代价值》，《中学政治教学参考》2018年第8期。

文化需求又需要得到平衡。学校、社会作为培养祖国优秀人才的摇篮，做好思想政治教育工作需要以坚定文化自信为核心，提升各族人民的科学文化素质与思想政治素质，并依托思政教育工作展现中华民族的文化自信。积极寻求红色文化符号与思政教育工作的融入点，适时地将二者结合起来，以全社会文化自觉推动思政教育工作的开展，使思政教育工作富有红色文化符号创新表达的内涵，才能将文化自信深深烙印在人民群众的心中。

据调查，资丘革命老区的“中国工农红军长阳土家族红军小学”，为推进红色德育校本化，打造了主题为“传承红色基因培育‘红心’少年”的德育教育工作品牌。通过系列举措，将红色遗产资源融入校园文化、必修选修课程、课余活动，培育“红心”少年。一是红色环境印心：校园内有扬红楼、承红楼、念红楼、仰红楼、慕红楼、追红楼等以“红”命名的主体建筑；红色主题文化长廊，如扬红楼上红底黄字的一训三风等系列主题廊道文化；教室内外的革命英烈事迹、红色小故事、革命烈士诗文等。学校充分利用低音广播，每天在早晨和傍晚定时播放红色经典诗歌，师生跟诵；每天课前一支歌时间，统一播放经典红色歌曲，师生跟唱；每周学校红领巾广播站播出红色经典故事。二是红色课程润心：在校必修课程建设中，紧紧围绕“红心”文化，以“红六军”事迹为主要内容，根据不同年级采用绘本阅读、讲故事、影视欣赏、读书分享等形式，引导学生了解红六军革命先烈的英勇事迹，感受他们英勇无畏的斗争精神，体会他们身上体现出的忠于祖国、忠于人民、忠于中国共产党的坚定信仰。三是红色活动塑心：坚持每年清明节由学校组织学生到七十七烈士纪念碑进行缅怀革命烈士、参观长阳烈士纪念馆、学习革命先烈事迹的德育主题教育。活动中安排多名“小红心讲解员”全程讲解，学生现场交流参观感受。还经常开展讲红色故事、唱红色歌曲、演红色戏剧、读红色书籍、诵红色经典、画红色图画等活动，通过音、视、画、文、图、物等形式充分展示学生作品。

（二）红色文化符号是推进红色文化自信自强思政教育的重要源泉

宋代学问家朱熹的《观书有感二首》诗中写道："问渠那得清如许，为有源头活水来。"红色文化符号塑造了中国革命伟大胜利的历史记忆和精神象征意义表达，全景展现了中国共产党引领各民族为完成近代以来的两大历史任务进行革命斗争的历史镜像，是中华优秀传统文化符号的传承创新，是社会主义先进文化符号的"红色"底蕴，是推进红色文化自信自强的重要源头。

党的二十大报告指出："推进文化自信自强，铸就社会主义文化新辉煌。"[①]新时代，思政教育工作周围的环境及负责教育工作的主体，都应随着时代的变化而创新，尤其是思政教育工作的方式，传统模式中的思政理论课难以适应当代育人目标并继续作为教育的载体。实现多元化、多种模式的思政教育工作，才是丰富各族人民精神思想的有效方式。创新思政教育方法，统筹各方面的优秀教育资源，在多方力量的协同努力下，积极转变思政教育的方法，以适应时代变化为客观因素，扩充思政教育的内生思想资源，运用红色文化符号资源统领思政教育工作的全过程，体现其政治功能、文化功能，培育弘扬社会主义核心价值观的主力军，使其成为推进红色文化自信自强思政教育的信仰者、践行者及建设美丽中国的中坚力量。这些因素都体现了推进文化自信自强与红色文化符号思政教育功能二者互动具有重要的现实意义。

2021年5月，长阳土家族自治县教育局为庆祝中国共产党百年华诞，更好地落实党史学习教育进校园、进课堂、进头脑育人目标，让本土红色遗产资源成为活生生的党课教材，提高党性教育实效。教研中心主任葛兴坤老师总负责，麻池中小学、资丘小学、枝柘坪小学成立工作专班，授课老师（周丹、田幸福、田平方）制作课堂脚本，制定了主题为"火炬照亮复兴路"的长阳"万人同上一节课"方案，麻池中小学、资丘小学、枝柘坪小学分别以"初心""忠诚""担当"为副标题组织课堂。课堂方式：麻池中小学、资丘小学、枝柘坪小学分别提供课堂视频资料，剪辑制作成一

---

① 习近平：《高举中国特色社会主义伟大旗帜 为全面建设社会主义现代化国家而团结奋斗——在中国共产党第二十次全国代表大会上的报告》，新华社2022年10月25日。

节完整的视频课，全县师生网上学习，并向外推送。主要史料：以麻池古寨、资丘烈士陵园、枝柘坪红三军军部旧址三处为主要线索，收集全县革命先烈英勇事迹。以麻池中小学、资丘小学、枝柘坪小学的红色教育为案例，引领长阳县中小学开展红色思政教育。课堂可以在室内和红色革命遗址、烈士陵园之间切换，老师带领学生通过讲故事、观看视频图片、参观革命遗址、聆听老红军回忆、参加社会实践活动等方式进行。“万人同上一节课”方案的实施将学校红色思政教育的系列做法有机融入课堂之中，成为宣传学校地方党史进课堂的成功经验典范。①

文化自信本身属于时代发展的思想产物，它根植于红色历史文化当中，红色文化符号是文化自信理想信念来源的象征表达，是社会主义核心价值观的政治标签。通过红色文化符号发挥思政教育功能，培养各民族对中华民族的自豪感与增强文化自信意识。正是中国共产党领导各族人民的革命斗争实践孕育了红色文化，红色文化在其创新和丰富发展中创造了红色文化符号，思政教育调动了最广泛各族人民的革命积极性、创造性，成为推进红色文化自信自强的力量之源。

（三）红色文化符号是践行社会主义核心价值观铸魂育人的主要内容

习近平总书记说过：“人民有信仰，民族有希望，国家有力量。”②在革命战争年代创造了丰富多彩和具有各民族特色的红色文化符号，如革命遗存旧址、革命老区、革命事件、红色人物、红色战役、红色文艺精品等珍贵的红色文化经典象征符号，其蕴含着丰富的中华民族革命精神和深厚的红色文化内涵。发挥好思政教育工作的独特优势，以立德树人为中心环节，讲好各民族参与革命斗争和新中国建设、共享中国特色社会主义新时代的红色文化故事，实现全过程铸魂育人、全方位铸魂育人，用红色文化符号的内涵引领全社会广泛践行社会主义核心价值观，构建各民族共有精神家园。

---

① 《长阳县教育局内部资料》，2021年，研训中心存档。

② 《习近平在中国共产党第十九次全国代表大会上的报告》，《人民日报》2017年10月28日第1版。

红色文化符号具有践行社会主义核心价值观铸魂育人的功能。现阶段，学校教育、家庭教育首先应引导学生对革命文化符号的认识显著加强，但红色文化符号在家庭教育中处于被忽略的状态，红色教育存在一定缺失。其次，在挖掘红色文化符号的过程中，忽视了红色文化符号内涵，注重经济利益，为迎合大众消费，盲目投资建设大量娱乐消费设施，随意改造红色文化符号的样态。新时代文化自信视野下，红色文化符号如何广泛促进社会主义核心价值观铸魂育人，如何实现各民族对美好生活的精神文化需求，如何凸显红色文化内涵来发挥其时代性的引领作用，是各族人民在践行社会主义核心价值观铸魂育人中建立强大文化自信的内生动力。将红色文化符号通过学校、旅游、文物等载体实现创新转化为思政教育资源，是“坚定中国特色社会主义文化自信、发挥中国特色社会主义文化的深厚力量”①，更是践行社会主义核心价值观铸魂育人的重要内容。2021年长阳土家族自治县教育局利用红色遗产资源组织开展全县中小学思政教师“同上一节课”暨优秀思政课展评活动，活动主题为“喜迎建党百年同心铸魂育人”，即通过学校、片区两轮角逐，各位思政教师人人上一次线下红色课堂教学课的竞赛活动。历时两个多月的“同上一节课”活动，是践行习近平总书记重要讲话精神的重要举措。特别是渔峡口初级中学、高家堰中小学等学校将此项活动与学校党建结合在一起，全体党员参加“永远跟党走”“同上一节课”研讨活动，当作主题党日+的内容，收到了事半功倍的效果。该活动结束后，各位老师在感悟中共同提炼出的“五学生本课堂”的思政课堂模式，让红色基因、革命薪火代代传承，增强了红色文化自信。②

三、实践路径：红色文化符号在思政教育中增强文化自信的实现路径

思政教育作为传承、传播、弘扬红色文化符号的载体，应实践“以文

① 上海市习近平新时代中国特色社会主义思想研究中心：《让红色文化成为铸魂育人的精神动力》，《光明日报》2019年9月20日第5版。

② 《长阳县教育局内部资料》，2021年，研训中心存档。

化人以文育人”的思政教育理念，以此增强文化自信。

（一）深度挖掘红色文化符号内蕴，涵养社会主义核心价值观

内蕴红色文化的红色文化符号是增强文化自信的重要内容，也是涵养社会主义核心价值观的重要源泉。红色文化符号表达了党的光荣传统和优良作风，蕴含了崇高的理想信念、坚定的政治方向、深厚的革命情怀，是新时代各族青年汲取智慧、提振信心、增添力量的动力源泉。红色文化符号通过融入思政教育，引导各族青年树立正确的世界观、人生观、价值观，增强做中国人的志气、骨气、底气。红色文化符号蕴含着爱党爱国、敬业诚信、艰苦奋斗、团结互助等象征符号，“在革命战争年代发挥了巨大的道德引领作用，在社会主义建设和改革开放时期也起到了推动作用”①。加强红色文化遗产资源的保护利用，建设数字资源库，深度挖掘红色文化符号中蕴含的哲学思想、人文精神、价值观念。引导各民族从红色文化符号意义表达中汲取追求真理、改造世界的力量，增强对党、国家、中华民族的自信和认同，发挥好红色文化符号以文化人、以文育人的实效。实现红色文化符号与社会主义核心价值观的核心内涵对接与契合，对深层次涵养社会主义核心价值观、增强文化自信具有重要的应用价值。

鄂西南地区的恩施、宜昌作为革命老区，革命遗址遗迹较多，红色文化遗产和符号资源丰富。如湘鄂边苏区鹤峰革命烈士陵园、巴东金果坪、咸丰忠堡大捷烈士陵园、当阳的襄西革命烈士纪念馆、五峰的渔洋关苏维埃政府旧址和红军第二军总指挥部旧址，以及长阳麻池古寨蕴藏的“都镇湾故事”“中国革命军第六军”军部旧址和贺龙居住过的民房等等。这些红色文化遗产物态符号具有文化、教育、产业优势的巨大潜力，蕴含着革命先烈不朽的革命精神和高尚情操，增强了鄂西南各民族的红色文化自信，是涵养社会主义核心价值观的重要内容，也是践行社会主义核心价值观教育的有效载体。

---

① 邱小云、周艳红：《弘扬红色文化涵养社会主义核心价值观》，《思想教育研究》2017年第6期。

鄂西南革命老区通过深入挖掘整理本土红色文化遗产和象征符号，加强对红色文化符号的保护与利用。一是开展红色文化遗产资源的普查活动。对馆藏革命文物进行认定、定级、建账和建档工作的同时，进一步拓展红色文物、红色遗址遗迹的普查与认定，进行一系列普查、调研、座谈、研讨及鉴定工作。二是创作红色文艺作品。如出版《中共恩施州党史》《父亲原本是英雄》《恩施州革命遗址遗迹》《恩施革命故事》等系列红色书籍；创作《神兵》《丛林无边》《深山歼敌》《武陵山上的星光》等一系列红色文艺作品。三是加强红色文化遗产收藏展览及其利用。如恩施州博物馆建成“红色恩施”展厅，面积1000平方米，有实物、场景及图版；恩施市建有抗战纪念馆、叶挺将军纪念馆；鹤峰县博物馆设立红色展厅，面积300平方米，建有走马红军街保护建筑群、红岩坪红三军军部展览；咸丰县建有忠堡大捷纪念馆、指挥部旧址纪念馆、咸丰大村会议旧址陈列等；建始县官店镇建有红色文化纪念馆，县城建有韦君宜纪念馆；宣恩县在县博物馆中建有一条红色文化展线，两河口苏维埃旧址依托彭家寨吊脚楼群成为旅游线路中红色景点；巴东建有金果坪红三军军部旧址等系列保护建筑，并推出绝壁天河红色旅游景点；利川市建有忠路双庙第一个党支部旧址展览；来凤县博物馆建有张富清先进事迹展厅。四是实施“红色文化遗产+”工程。加强红色文化遗产资源与旅游、扶贫、教育等结合，推动红色文化消费，打造红色旅游品牌。

（二）统筹保护利用革命文物的思政教育资源，传播与弘扬红色文化符号

一个“因雪藏保护而消失”的红色文化资源对谁都没有好处。红色文化符号是让革命历史记忆“鲜活”起来的形态表达，也是革命文物的话语表达体系，更是革命文物的思政教育资源。革命文物是思政教育天然的“教科书”。思政教育教学中所需的历史素材、文化素材、政治素材在革命文物中都能找到相应的案例，如井冈山革命根据地纪念馆、贵州遵义四渡赤水纪念馆、湘鄂渝黔革命根据地纪念馆、革命老区苏维埃旧址遗迹等呈现了大量的组合式革命文物。习近平总书记指出：“革命文物承载党和

人民英勇奋斗的光荣历史，记载中国革命的伟大历程和感人事迹，是党和国家的宝贵财富，是弘扬革命传统和革命文化、加强社会主义精神文明建设、激发爱国热情、振奋民族精神的生动教材。”①

革命文物陈列于博物馆与革命纪念馆中，是发挥其红色教育作用最直接的手段。观众通过参观博物馆或革命纪念馆，沉浸式体验革命战争时期的凝重气氛，更能激发对革命事业的认同感和爱国主义情怀。如当阳市的襄西革命纪念馆正是通过陈列珍贵文物的方式，营造革命气氛，不断向社会收集襄西革命战争留下的珍贵物品，并将物品加以保护并展览出来，开展红色爱国主义教育。参观者通过现场的革命活动道具，可以直观感受到革命的不易，加深观众对襄西革命更深层次的理解。襄西革命纪念馆以丰富的历史展品，再现了襄西革命斗争的残酷，成为人们缅怀先烈、寄托哀思、接受爱国主义和革命传统教育的一个重要场所。同时，通过举办烈士纪念日活动来开展爱国主义教育活动。“2014年9月30日，襄西革命纪念馆举行了隆重的‘烈士纪念日’纪念活动，当阳市领导、市直各部委办局、民主党派、事业单位代表、烈属代表、驻地官兵、师生代表共计201人参加了纪念仪式。纪念仪式进行了四项活动，第一项，奏唱中华人民共和国国歌；第二项，全体人员脱帽，向烈士默哀；第三项，少先队员献唱《我们是共产主义接班人》；第四项，向烈士敬献花篮。”②通过全过程的烈士纪念仪式活动，增强了中华民族的自豪感，加强了对社会各界的爱国主义教育。

统筹保护利用革命文物的思政教育资源，对传播与弘扬红色文化符号具有重要的促进作用。鄂西南文物行政主管部门坚持抢救性和预防性保护并重与资源合理利用相结合，积极争取相关部门的项目资金，完成对革命文物及相关设施的修缮与建设工作。如“鹤峰县升级改造和新建红色旅游公路共55km，总投资8.6亿元；咸丰忠堡大捷烈士陵园建设项目争取中央预算内投资1002万元，自筹资金852万元，对忠堡烈士陵园进行改造升级”③。在思政教育过程中，要改变传统的“我说你听，我打你通”的思政

① 习近平对革命文物工作作出重要指示强调，切实把革命文物保护好管理好运用好 激发广大干部群众的精神力量，新华社2021年3月30日。

② 《2014年襄西革命纪念馆工作会议总结》，2014年，起止号1-4，襄西革命纪念馆藏。

③ 本数据来源于恩施州民宗局相关部门内部研究资料，2022年。

说教模式，将思政教育讲堂设置在革命文物现场，倡导互动式、参与式教学宣传，寓教于乐，赋予革命文化符号新的标识性、象征性和影响力，展现其思政育人功能，进而传播红色文化符号。据调查，当阳实验小学集体组织学生参观完革命纪念馆后，工作人员采访的一名学生说："我长大后要成为一名警察，像牺牲的烈士学习，保卫好自己的国家。"[①]同时应用现代新科技力量，使红色文化符号在数字化平台呈现"年轻态"，让其赋予的历史记忆场景通过科技、艺术进行"活态"表达，让历史在可亲、可触中，带来更真切的感受和更深刻的震撼，涤荡其心灵、坚定其信仰。

此外，还要发挥好革命文物的思政教育价值，利用红色文化符号践行社会主义核心价值观教育、爱国主义教育、党性教育等，以此坚定四个自信。2019年10月，湖北店子坪被授牌"湖北店子坪红色教育基地"，被中共中央组织部列入省（部）级党委（党组）批准的干部党性教育基地备案目录。长阳麻池古寨现保存的"中国革命军第六军"军部、"中共长阳县委员会""长阳县苏维埃政府""长阳县军事委员会""长阳县妇女协会""长阳县警卫大队""红军树"、贺龙居住过的民房等革命旧址，是鄂西地区保存最为完好的革命旧址群，也是典型的具有土家族特色的红色文化遗产物态符号。目前，麻池古寨已被授予"湖北省爱国主义教育基地""宜昌市爱国主义教育基地""长阳土家族自治县廉政教育基地""长阳土家族自治县干部教育培训党性锻炼基地"。

（三）注重红色旅游教育资源开发，树立和突出各民族共享的红色文化符号

"中国共产党凭借'创新理论和手段'实现共产主义理想而形成的革命文化，是红色资源的精神内核"[②]，其特有的"内涵意蕴、潜在价值、道德力量，有力提升了社会主义核心价值观的认知度、说服力、引领力、影响力和后续力"[③]。学界研究发现，大量成果专注于"红色旅游产业绩效，

---

① 《2014年襄西革命纪念馆工作会议总结》，2014年，起止号1–4，襄西革命纪念馆藏。

② 贾微晓：《中国共产党革命精神与红色文化理论解析》，《理论月刊》2018年第10期。

③ 邱小云：《论中国红色文化百年发展史》，《红色文化学刊》2017年第2期。

凸显市场经济条件下红色文化的资源性和效用性，而忽略了红色旅游的政治和文化意义”①。红色文化景观符号也体现了旅游目的地形象，有学者认为“旅游目的地形象反映了一定社会阶层和社会集团及其代表人物的意志”②；“景观塑造地方认同，影响人们空间行为，同时也体现相应人类社会的文化价值观”③。在红色旅游景区线路中树立和突出各民族共享的红色文化符号，可以有效避免民族地区旅游发展的价值引领缺失。

红色文化符号融入旅游服务“全过程”，践行社会主义核心价值观，增强中华民族文化自信，体现思政教育的文化传播功能。思政教育最终还是要用校外社会实践来深化，用红色文化符号为社会实践染色。为避免走入“红色文化符号社会实践就是红色文化旅游”这一误区，在参观学习的过程中要嵌入社区服务，发挥红色文化符号在社区服务中的作用。利用节假日或者寒暑假，组织单位、团体、学校开展红色旅游、体验红军生活、重温革命历史、发挥德育实践基地的作用进行实践活动等，积极开展各种情境式、沉浸体验式的社会实践活动，真正让红色文化符号所呈现的革命精神根植于后人基因血脉，真正做到思政教育“入心入行”。如长阳麻池古寨打造一条从西湾码头至麻池古寨的“红色记忆”长廊，设置沿路的红色场景，并与麻池古寨旧址串联包装，渲染红色氛围。还将红色教育与红色旅游相结合，根据旅游时间，合理编制1—2天的红色教育课程。具体内容：穿红军服（换上红军6件套服装，增强严肃感、仪式感、体验感），坐红船（1艘80座“红色麻池”号、2艘66座红船），看红色电影（观看《哭嫁》），走红军路（徒步一段“红军小道”），听红军课（专人讲解红六军、红二军团、红二方面军的历史），吃红军饭（重品艰辛岁月味道），重温入党誓词（不忘初心、牢记使命），向先辈先烈敬献花篮（祭拜黎化南、李步云等）。

在红色旅游景区进行思政教育资源开发利用，是树立和突出各民族共享红色文化符号的重要“场景”。“历史是最好的教科书，‘中国革命历史是最好的营养剂’。”2020年9月，习近平总书记提出“湖南是一方红色热

① 邓显超：《红色文化软实力的内涵及构成要素探析》，《毛泽东思想研究》2016年第2期。

② 王宁：《旅游社会学》，天津：南开大学出版社，2008年。

③ [日]河合洋尚：《景观人类学的动向和视野》，《广西民族大学学报》2015年第4期。

土”的重要论述。[①]在红色热土中开展红色文化遗产资源分类普查，利用红色文化遗产资源进行思政教育，开发红色旅游项目，建设红色文化名城（街区、村镇）和纪念馆等活动，进行红色文化景观遗产符号建设，聚焦于重要纪念场、历史事件以及革命志士旧居等遗产（遗址），强调红色文化符号的德育与旅游开发的功能与时代价值。通过开发利用红色旅游教育资源，挖掘红色文化历史，在旅游景区线路中树立和突出各民族共享的红色文化符号，以此传播和弘扬红色文化精神，展现新时代中华民族共同体新形象，增强中华民族文化自信的视觉表达。

鄂西南革命老区通过围绕清明节、建军节、抗战胜利纪念日、烈士纪念日、国庆节、国家公祭日等重要时间节点，开展讲英烈故事、唱抗战歌曲等活动，引导广大干部群众厚植爱国主义情怀。在红色旅游景点开展社教讲解活动，落实“一园一讲解员”制度，讲好英烈故事，传承红色血脉。据不完全统计，恩施州博物馆《恩施记忆》每年接待游客10万人次，恩施市叶挺纪念馆、抗战纪念馆每年接待游客8万人次，来凤县《张富清先进事迹展》每年接待游客超过9万人次，建始县韦君宜纪念馆自开馆以来共接待参观群众110批次，官店镇红色革命纪念馆每年接待观众6万人次，巴东县红三军军部旧址群自建成以来已接待观众10万人次以上。

习近平总书记指出：“每一个红色旅游景点都是一个常学常新的生动课堂；要把红色资源利用好、把红色传统发扬好、把红色基因传承好，让红色基因代代相传。”鄂西南革命老区依托资源，抢抓机遇，打造红色旅游线路产品，提高红色旅游线路产品影响力，进而更好地树立和突出各民族共享的红色文化符号。湘鄂边苏区鹤峰革命烈士陵园，2001年被列为国家级重点烈士陵园保护单位，2004年入选全国30条红色旅游精品线路之一，2009年被中宣部列为第四批全国爱国主义教育示范基地，2016年，同五里革命旧址群、鼓锣山三十二壮士殉难处、中营红三军军部旧址、咸丰忠堡大捷遗址及烈士陵园一道入选全国红色旅游经典景区名录，2017年获批国家4A级旅游景区，成为集湘鄂边苏区红色文化展示与城市生态

---

① 《习近平在湖南考察时强调 在推动高质量发展上闯出新路子 谱写新时代中国特色社会主义湖南新篇章》，《新闻和报纸摘要》2020年9月19日第11版。

公园休闲为一体的红色主题旅游景区，也是恩施州唯一4A级红色旅游景区。另外，湖北店子坪红色旅游区已通过专家现场评定，即将跻身国家3A级景区之列。

（四）红色文化遗产资源融入大中小学思政课一体化教学，教育传承红色文化符号

全面推动红色文化遗产资源融入大中小学思政课一体化教学建设，是立德树人的必然要求。党的二十大报告指出："完善思想政治工作体系，推进大中小学思想政治教育一体化建设。"[①]在新时代，"传承红色资源要从娃娃抓起，更要其以丰富的形式融入大中小学思政课教学"[②]。2023年2月21日，湖北民族大学附属小学101班学生谭力楸给同学们讲述《叶挺将军与恩施的故事》。当天，该班举行"讲好红色故事·树立家国情怀"读书活动，学生们生动地讲述了《叶挺将军与恩施的故事》《小英雄王二小》《长征路上红小丫》等红色非遗的革命故事，在讲述与聆听中，重温红色历史，传承红色精神。学生们被革命先辈和英雄人物的事迹深深打动，纷纷表示："生活在祖国温暖的怀抱里，一定要珍惜现在的幸福生活，好好学习，报效祖国。"该校党总支书记袁红柳说："讲好红色故事就是为了教育学生以革命先烈和英雄人物为榜样，把爱国情、强国志、报国行融入内心，立鸿鹄志，做奋斗者。"

红色文化符号需要依托校园文化进行教育传承。开发和利用好学校的整体规划、环境布局、建筑设施、课程体系，如学校的宣传栏、黑板报、广播、电视、校园网站，以及丰富多彩的红色文艺活动、娱乐活动、竞赛活动等，可以丰富和深化红色文化符号开发利用。将红色文化符号融入校园文化的物质和精神文化建设，有利于加强和促进思政教育，有利于构建和谐的文化校园，更有利于营造一种积极向上、健康文明的校园文化氛

---

① 习近平：《高举中国特色社会主义伟大旗帜 为全面建设社会主义现代化国家而团结奋斗——在中国共产党第二十次全国代表大会上的报告》，新华社，2022年10月25日。

② 王富美：《红色资源融入大中小学思政课一体化建设的重要性及路径研究》，《2022教育教学与管理南宁论坛论文集》，2022年5月13日。

围，以此实现红色文化符号立德树人的价值功能。

在大中小学思政课一体化教学内容中融入红色文化符号，构建了教育传承人类文化自信的新形态。红色文化符号是党和各族人民以爱国主义为核心的红色文化精神的建构表征，是构筑中华民族共有精神家园重要叙事形态表达。爱国主义是思政教育的核心内容。红色文化符号凝聚着无数先烈和人民英雄浴血奋战、艰苦奋斗、勇于探索的历史，蕴含着深厚的家国情怀，具有鲜明的爱国主义标识，引领新时代各民族在多元文化碰撞交融中自觉抵御历史虚无主义，保护国家之根、延续民族之魂。在大中小学思政课一体化教学建设中，将红色文化符号融进校园、融进课堂、融进教材，引导新青年牢记红色政权是从哪里来的、新中国是怎么建立起来的，增强“四个意识”，坚定“四个自信”，做到“两个维护”，把爱国情、强国志、报国行融入中华民族文化自信的主流价值观。

个案访谈：

根据学校和地域的特点，因此确定红色是我们学校的底色，红色文化就是校园文化。我们学校的办学理念、校训是“颗颗红心向太阳”。培养红心少年是我们的发展目标，培养“四讲”红心教师是我们发展教师的目标。从整个校园环境，我们的文化氛围，在进校门的时候，有习近平总书记提出的“托起明天的太阳”这个题词，学校所有楼命名都是以红色为主，如扬红楼、慕红楼、念红楼。学校的卡通人物，融入的红红和洋洋是根据小红军战士的名字来命名的。我们在红色育人这一块的活动形式是多样的：课间操有社会主义核心价值观的手势舞，在校学生都能完整背诵；三年级到六年级的学生每个人都要会讲红色故事，全班来讲主要讲红六军；每天的低音广播播放红色歌曲，天天唱红色歌曲，坚持每天三遍放红歌；学校有红星电台，红色之声，每周有两次红领巾少先队组织活动，现在我们条件比较好了，双视课堂通过电台进行，孩子们在展演的时候，在教室里面也能收看到节目。①

① 2023年4月5日对资丘革命老区土家族红军小学校领导（男，51岁，土家族）的访谈笔录。

习近平总书记指出："青少年思想政治教育是一个接续的过程，要针对青少年成长的不同阶段，有针对性地开展思想政治教育。"通过红色文化符号融入大中小学思政课一体化教学建设，全方位嵌入不同阶段思政课的教学过程，落实立德树人根本任务，传承红色基因，让听党话、跟党走的信念成为广大师生的自觉追求，最终实现教育传承红色文化符号。同时，建立大中小学思政课一体化教学衔接模式，实现理论、实践、网络等多元教学资源的整合利用。将思政课教学放置"田野"，利用红色文化符号相关研学基地等开展体验式、互动式、沉浸式多种教学形式，让显性教育与隐性教育相互渗透。运用现代化新技术实现红色文化符号的创新转化，打造师生喜闻乐见的宣传教育平台，推动思政教育入脑入心，让革命薪火代代相传。

四、结　语

红色文化是文化自信的重要源泉，红色文化符号更是文化自信的当代载体和内涵表征。红色文化符号作为既有文化固有的一般性（即文化的习得性），也有其作为以马克思主义为价值内核的革命意识形态的特殊性，更体现了马克思主义革命真理性的中国化实践。红色文化符号通过思政教育场域增强了各族人民的文化自信，实现了资政育人的价值功能体现。文化自信视野下红色文化符号与思政教育的互动透视，进一步丰富并发展了红色文化符号表达体系，永续革命火种，传承红色基因，弘扬红色精神，是一个长期探索与接续发展的系统工程，需要坚定历史自信，增强历史主动，坚守中华文化立场，提炼展示中华文明的精神标识符号和文化精髓象征表达，讲好红色文化符号的中国故事，传播好中国声音，树立和突出新时代中华民族共同体视觉新形象。

论恩施老区对中国革命的历史贡献

覃章梁[①]

恩施州红色文化厚重。本文应用大历史观思维研析恩施红色文化，论述恩施是中国共产党人的早期活动地，是土地革命时期湘鄂西和湘鄂川黔两大革命根据地的重要组成地，是中国工农红军第二方面军的成长摇篮地，是红军实行战略转移的长征路经地，是全国抗战关键性战役“鄂西会战”的中心指挥地，是中国人民解放军解放大西南的战役策源地，是中国革命事业的力量生成地。“七地”定位，标注和诠释了恩施对中国革命的历史贡献。

关键词： 中国革命；恩施；历史贡献

老区是指土地革命和抗日战争时期，中国共产党领导创建的革命老根据地的简称。它是中国革命力量的生成地，是中华人民共和国的摇篮。恩施州是全国重点革命老区之一，州域8个县市均被认定为革命老区县，88个乡镇中有75个乡镇被明确为老区乡镇。研究学习恩施革命老区红色历史，有助于推动全州干部群众深入学习贯彻习近平新时代中国特色社会主义思想和党的二十大精神，进一步增强历史自觉、坚定“四个自信”，推进中华民族共同体建设，为恩施加快建设“两山”实践创新示范区和全国先进自治州而矢志奋斗。本文应用大历史观思维，研析恩施厚重的红色文化，用“七地”对恩施红色文化进行形象定位，全方位标注红色恩施历史，

---

① 覃章梁，中共恩施州委党校原常务副校长，教授。

系统性阐释恩施州对中国革命的历史贡献。

一、恩施是中国共产党人的早期活动地

（一）建党初期中国共产党人在恩施的活动

在建党初期，党的创始人董必武到恩施播撒红色种子并在武汉成立“施鹤留省学会”，组织恩施在武汉的读书学生入会培训，把进步青年培养成革命战士。当时，有100多名恩施学子加入中国共产党和共青团，成为中国革命的骨干。

1921年7月底中国共产党第一次全国代表大会闭幕后，出席大会的湖北代表董必武、陈潭秋迅即回到武汉。8月中旬，中共武汉党组织派遣董必武前往四川联络川军出兵援鄂，同时考察鄂西社情，进行党的宣传活动。8月21日，董必武随援鄂川军进攻盘踞恩施的北洋军阀，部队首克利川，再占恩施，并迅即打下了建始、巴东等县，直逼宜昌。1922年5月，董必武奉令离开恩施返回武汉。他在恩施从事联络、考察和宣传等活动近10个月，探索实践党的统一战线法宝，宣传党的主张，了解鄂西社情，为党在恩施地区的工作打下了基础。董必武从恩施回到武汉后，1922年秋与陈潭秋发起成立“施鹤留省学会”，组织施鹤（恩施）在省读书的青年学子学习马列主义、分析中国时局、培育革命意识。同时，还组织学子走出校门参加党领导的罢课、游行等爱国运动，寒暑假回家乡宣讲革命道理，唤醒民众起来反对帝国主义、封建军阀、土豪劣绅、贪官污吏，反对吸种鸦片、妇女裹脚。当时，“施鹤留省学会”成为中共武汉地委发动学生运动、联系恩施地区的纽带，成为省城恩施籍进步学生的战斗堡垒和革命“火种”的生成摇篮。参加学会活动的恩施学子，有100多人先后加入中国共产党和共青团，成为中国革命的骨干。

建始学子张光杰，1922年考入湖北省立中学，1926年入党，1927年9月担任鄂西特委委员，领导湖北江陵秋收暴动。1928年被捕牺牲，时年21岁。1990年，全国政协原委员、徐向前元帅夫人黄杰撰文《人民不会忘记——纪念张光杰烈士》。来凤学子张昌岐、鹤峰学子陈子杰、巴

东学子黄大鹏等回到家乡后，迅速点燃革命烈火。黄大鹏，1925年入党，1926年返回巴东开展革命斗争。1927年3月，组织农民运动攻占了巴东县城，成立恩施山区第一个县级人民政府——巴东县人民委员会，领导建立了鄂西游击大队和“巴兴归”革命根据地。1930年鄂西游击大队改编为红军第四十九师时，黄大鹏担任师政委，1931年12月在对敌作战中牺牲，时年24岁。《辞海》设置了“黄大鹏”条目，介绍其生平事迹。1928年，中共鄂西特委负责人曹壮父到鄂西视察后写给省委的报告称：“我们在施鹤的同志，大约在一百人左右，成分百分之九十以上是知识分子。这些知识分子有一个特征，就是他们的阶级至少是中地主以上。他们大多数是在汉学生，是施鹤人，在外受些革命道理和空气熏陶。”

（二）大革命时期中国共产党人在恩施的活动

在大革命时期，党领导的革命统一战线和恩施农民革命运动风起云涌，有力地策应了武汉等大城市的工人运动、学生运动和中南地区农民运动，推动了北伐胜利和反帝反封建斗争，为土地革命打下了较好的社会基础。

1923年6月，中共三大决定实行国共合作，建立革命统一战线。1925年7月，董必武、陈潭秋等11名中共党员响应中共三大号召，深度参与国共合作。1926年至1927年初，中共湖北省委先后向恩施派出20多名恩施籍中共党员，从事宣讲“北伐”意义和孙中山的“三民主义”、建立农民协会和进步群团组织、组织和领导民众开展反帝反封建反军阀斗争等工作。这批中共党员回到恩施后，大力宣讲革命道理，传播进步思想，发动民众起来革命，兴办农民协会和工会、商会、妇女协会等群团组织，改造民兵队伍，宣传马列主义，发展中共党员，建立中共基层组织。到1927年3月，除利川外7个县都成立了农民协会，来凤、咸丰、建始等县还建立了农民自卫武装。咸丰、宣恩、巴东、鹤峰、来凤等县的民兵组织，全部或大部分先后接受了共产党的领导。农民协会在城乡广泛开展惩治土豪劣绅、减免地租利息、反对剥削压迫、打倒军阀独裁、支持武装北伐的革命斗争。当时，恩施地区约有4万余人参加革命活动，占总人口的3%。

与此同时，来凤、咸丰、建始、鹤峰4个县秘密建立了中国共产党基层组织，中共党员发展到50多人。

二、恩施是土地革命战争时期湘鄂西和湘鄂川黔两大革命根据地的重要组成部分

土地革命战争时期，全国主要有江西中央革命根据地和湘鄂西、海陆丰、鄂豫皖、琼崖、闽浙赣、湘鄂赣、湘赣、左右江、川陕、陕甘、湘鄂川黔等12片革命根据地（包括苏区和游击区，其中苏区是革命根据地的中心）。党的十一届六中全会通过的《关于建国以来党的若干历史问题的决议》和党的十九届六中全会通过的《中共中央关于党的百年奋斗重大成就和历史经验的决议》，分别把湘鄂西根据地排在第2位，湘鄂川黔根据地排在第12位。

1928年4月至1936年1月，贺龙率领的中国工农红军在恩施山区建立红色政权、进行武装割据，革命斗争如火如荼。当时，8个县中建始、鹤峰、巴东、宣恩4个县成立了县委，鹤峰、巴东、建始、恩施、宣恩5个县建立了县级红色政权，有42个区、270个乡建立了区乡红色政权，组建了独立团、游击队、赤卫队等地方红色武装。恩施成为湘鄂西革命根据地、湘鄂川黔革命根据地的重要组成部分。

湘鄂西革命根据地，始于1928年3月桑植起义，形成于1930年7月湘鄂边苏区和洪湖苏区连成一片。由于“左”倾错误路线的影响，第四次反“围剿”斗争失败，1933年12月根据地丧失。湘鄂西根据地由湘鄂边、洪湖、巴兴归、襄枣宜、鄂西北、荆当远、松枝宜及洞庭湖8片苏区和游击区组成。鼎盛时期，根据地面积约4万平方公里，总人口约370万人，覆盖60多个县。其中，湘鄂边根据地由湖北的鹤峰、巴东、建始、宣恩、恩施、利川、咸丰、来凤、五峰、长阳县和湖南的桑植、石门、慈利、大庸、龙山县15个县的全部或部分组成，巴兴归根据地由湖北巴东、兴山、秭归县部分地域组成。

湘鄂川黔革命根据地，始于1933年12月在咸丰大村召开的湘鄂西中央分局大村会议，形成于1935年1月，是当时我国长江以南唯一规模较大

的革命根据地，由湘鄂川黔边、鄂川边及黔东苏区和游击区组成，根据地覆盖湘鄂川黔边区的31个县，总人口近200万人，其中鄂西地区是鹤峰、宣恩、来凤、咸丰、利川、恩施6个县。1936年1月红十八师完成掩护主力红军长征任务撤离根据地后，湘鄂川黔根据地丧失。

1928年3月，贺龙等发动桑植起义，组建了工农革命军。1929年1月8日，贺龙率工农革命军第一次解放了鹤峰县城，并于13日成立了湘鄂西第一个红色政权组织——鹤峰县苏维埃政府。鹤峰苏区的红色政权坚持了5年之久，1931年为鼎盛时期。当时，全县11个区都建立了区苏维埃政府，全县103个乡中有97个乡建立了乡苏维埃政府。鹤峰县苏维埃政权建设被载入了中国共产党史册，为湘鄂西乃至全国根据地建立红色政权提供了重要经验。土地革命时期，国民党军对湘鄂西革命根据地先后进行了四次大规模“围剿”，对湘鄂川黔革命根据地进行了两次大规模“围剿”。红军在苏区人民的支持下，反“围剿”斗争可歌可泣。其中咸丰忠堡大捷、宣恩板栗园大捷，载入了中国人民解放军军史。

三、恩施是中国工农红军第二方面军的成长摇篮地

1935年11月19日，红二、红六军团从湖南桑植出发长征。1936年6月进入西康甘孜（今属四川省），与红四方面军会合。7月5日，根据中革军委电令，红二、红六军团和红三十二军，组成中国工农红军第二方面军（简称红二方面军），贺龙任总指挥，任弼时为政委。全军1.6万余人，其中二军团9200人、六军团5300人、三十二军2000余人。红二方面军团结红四方面军一道北上，实现了红一、红二、红四方面军三大主力红军胜利会师，完成了气壮山河的伟大长征。土地革命时期，以恩施为重要组成的湘鄂西、湘鄂川黔两大革命根据地是红二方面军的摇篮地。中华人民共和国成立后，红二方面军被授予的205位开国将帅中有163位在恩施战斗过，其中元帅1人、大将1人、上将5人、中将19人、少将137人。贺龙元帅当年率领红军将士转战恩施各县近8年时间，其中在鹤峰土地上战斗了500多天，把鹤峰称为第二故乡。

土地革命时期，红二军团（含红四军、红三军阶段）长征前进行过

15次整编，其中8次整编是在恩施山区鹤峰县进行的。其中鹤峰“七郎坪整编”“堰垭整编”和“杜家村整编”载入了中国人民解放军军史，并成为中国工农红军建设和发展的基本经验之一。

红二军团的前身是1929年2月上旬诞生于恩施山区鹤峰县杜家村的湘鄂边红四军。南昌起义失败后，贺龙、周逸群奉中共中央指示前往湘西北组建特委，建立工农武装，开展游击战争，实行武装割据。1928年3月上旬，贺龙一行抵达湘西北的桑植县洪家关，并很快组织起了一支3000多人的武装队伍，随即发动桑植起义，攻占了桑植县城，成立了中共桑植县委。4月初，国民党第四十三军五旅龙毓仁部攻打桑植县城和洪家关，刚组建起来的工农武装因贺龙外出到鹤峰走马筹措粮款等原因而失败溃散。5月初，贺龙到桑鹤边界的鹤峰红土坪收集失散的部队，集结了400余人并进行训练。7月上旬，根据湖南省委指示，这支武装队伍正式称为“工农革命军第四军”，贺龙任军长。1929年2月上旬，革命军根据中央指示信要求集结到鹤峰堰垭地区的银杏坪、梅子岩一线（军部驻杜家村），进行了具有重大意义的“杜家村整编”，把工农革命军第四军改编为“中国工农红军第四军”，贺龙任军长，恽代英为党代表，全军约1000人，长短枪支300余支。红四军成立后，一直在湘鄂边开展武装斗争，建立了以鹤峰、桑植为中心的湘鄂边革命根据地。

1930年7月，湘鄂边红四军东下洪湖与鄂西红六军会师，合编为中国工农红军第二军团，贺龙为总指挥，周逸群任政委，军团辖2个军、3个师、10个团近2万人，鼎盛时达到3万多人。红二军团的成立，标志着湘鄂西革命根据地的形成，实现了湘鄂西主要红色武装在组织和行动上的统一，使湘鄂西革命斗争进入一个新的阶段。后来，红二军团南征失利，1930年12月下旬转移至恩施山区的鹤峰、建始、巴东、宣恩、恩施、利川、咸丰县和湖北长阳、湖南石门等湘鄂边地区活动，部队缩编为红三军。1934年10月24日，红三军与红六军团在贵州木黄会师，并恢复红二军团番号，同红六军团并肩作战，发起湘西攻势，策应中央红军长征突围，取得了永顺龙家寨战斗、桑植陈家河桃子溪战斗、咸丰忠堡战斗、宣恩板栗园战斗等重要战斗的决定性胜利，创建了湘鄂川黔革命根据地。1935年11月19日，与红六军团一道实行战略转移，从湖南桑植突围长征。中华人民共和国成立后红二军团获授的开国将帅，有86位在恩施战斗过，其中元帅1人、大将1人、上将3人、中将10人、少将71人。

红六军团1933年6月在湘赣革命根据地成立，1934年8月上旬从湘赣根据地出发西征，执行中央红军长征先遣队任务，由湘赣苏区向湘黔边区进击，1934年10月下旬与红二军团在贵州印江县的木黄镇会师。1934年10月底至11月初，红六军团与红二军团握成一个“拳头”，出黔东苏区、攻酉阳县城、转战来凤百福司、挺进湘西龙山、占领永顺县城，创建了湘鄂川黔革命根据地。1935年6月上旬至8月上旬，红六军团主力转战恩施山区的来凤、宣恩、咸丰等县，参加了咸丰忠堡战斗、来凤胡家沟战斗、宣恩板栗园战斗，取得了著名的忠堡大捷、板栗园大捷。忠堡战斗和板栗园战斗前后，咸丰、宣恩、来凤等县近千人参加红军。在湘鄂川黔根据地期间，红六军团迅速发展壮大，由1934年10月进入贵州木黄时的三千多人发展到一万余人。中华人民共和国成立后红六军团获授的开国将帅，有77位在恩施留下了战斗足迹，其中上将2人、中将9人、少将66人。

四、恩施是中国工农红军战略转移的长征途经地

习近平总书记在纪念红军长征胜利80周年大会上讲话时指出：“面对生死存亡的严峻考验，从1934年10月至1936年10月，红军第一、第二、第四方面军和第二十五军进行了伟大的长征。我们党领导红军，以非凡的智慧和大无畏的英雄气概，战胜千难万险，付出巨大牺牲，胜利完成震撼世界、彪炳史册的长征，宣告了国民党反动派消灭中国共产党和红军的图谋彻底失败，宣告了中国共产党和红军肩负着民族希望胜利实现了北上抗日的战略转移，实现了中国共产党和中国革命事业从挫折走向胜利的伟大转折，开启了中国共产党为实现民族独立、人民解放而斗争的新的伟大进军。这一惊天动地的革命壮举，是中国共产党和红军谱写的壮丽史诗，是中华民族伟大复兴历史进程中的巍峨丰碑。”①

1935年11月中旬，红二方面军第二、第六军团在贺龙、任弼时、关

---

① 习近平：《在纪念红军长征胜利80周年大会上的讲话》，新华社2016年10月21日。

向应、萧克、王震等率领下，兵分两路从湘鄂川黔革命根据地的中心湖南桑植出发长征。1936年10月22日，抵达陕甘宁革命根据地的将台堡同红一、红四方面军会师，胜利完成伟大长征。第一路是主力部队，共3个师15个团1.7万余人。1935年11月19日从桑植县刘家坪、瑞塔铺出发，向东南方向的湘中地区进军，20日冲出国民党军设置在澧水的第一道封锁线，21日突破了沅江第二道封锁线。23日至28日，占领了辰溪、浦市、溆浦、新化、兰田和锡矿山等湘中城镇，控制了湘中地区。1936年1月9日和12日，先后占领了贵州的江口、石阡，胜利实现了转移至贵州石阡地区建立根据地的初定目标。第二路是后卫部队，红十八师（红六军团第十八师简称）2个团4000多人。1935年11月10日由桑植、龙山游击湘鄂边，留守根据地，迷惑敌人，牵制敌军，掩护主力部队突围后，1936年1月9日在贵州江口归建红六军团，汇入主力部队一起长征北上。1935年11月10日至1936年1月9日，红十八师在执行后卫任务期间，孤军奋战于湘鄂川（渝）黔边区两个月，纵横湘西、鄂西、川（渝）东、黔东的桑植、龙山、永顺、保靖、鹤峰、来凤、宣恩、恩施、利川、咸丰、彭水、黔江、酉阳、沿河、松桃、印江、江口17个县，长征5000余里，进行大小战斗20多次，牵制了国民党军上百个团的兵力，胜利完成了掩护主力红军长征突围的后卫任务，打垮了敌军10万余兵力的围追堵截。与红六军团主力会合时，全师由长征初期的4000多人减员至600余人。他们以三千英魂归入故土、六百健儿归建军团的壮烈，谱写了可歌可泣、彪炳千秋的英雄华章，书写了红军长征史上的又一个奇迹。

时任红十八师参谋长兼第五十三团团长刘风，1935年12月下旬率部长征至来凤县革勒车向家寨时不幸牺牲。刘风同志殉难地及烈士墓，位于来凤县革勒车镇桐麻村，已被列为县级文物保护单位。1936年1月1日，红十八师长征至咸丰县抢渡唐崖河时，在晋沟渡口与敌军激烈战斗。红军长征抢渡唐崖河遗址，位于咸丰县朝阳寺镇晋沟村，遗址面积约300平方米，保护面积约600平方米，现立有“红十八师抢渡晋沟战役遗址”纪念碑。

五、恩施是全国抗战关键性战役“鄂西会战”的中心指挥地

中国抗日战争，是中国人民反抗日本军国主义侵略的正义战争，是世界反法西斯战争的重要组成部分和东方主战场。以1931年“九一八事变”为起点，到1945年日本宣布无条件投降结束，经历了十四年艰难曲折的斗争。十四年抗日战争是一个整体，前六年是局部抗战，主要发生在东北、华北及上海等地区。以1937年的“卢沟桥事变”为标志，抗日战争进入八年全国抗战时期。2015年，军事科学院为纪念中国人民抗日战争暨世界反法西斯战争胜利70周年，推出了《中国抗日战争史简明读本》，把全国抗战划分为战略防御（1937年7月至1938年10月）、战略相持（1938年10月至1943年7月）、战略反攻（1943年7月至1945年9月）三个阶段。后八年的全国抗战，是前六年局部抗战的延伸和发展，是国共第二次合作、举全国全民族之力全面抗击并最终战胜日本侵略者的决战。

1938年8月日本侵略军逼近武汉，同年10月湖北省政府西迁恩施，恩施成为临时省会地。1940年秋宜昌沦陷，国民党第六战区长官司令部及其所属机关先后迁到恩施，恩施成为第六战区军事指挥中心地，在这里指挥了全国抗战胜利的关键性战役——鄂西会战。

鄂西会战是1943年5至6月中国军队在湖北西部地区，抗击日本侵略者第十一军5个师团10万余兵力进攻第六战区、企图夺取石牌要塞进而威逼重庆陪都的一次战役。此次会战从5月4日开始，到6月14日结束，历时一个多月。战线东起湘北滨湖的华容，西止长江西陵峡口的石牌，绵亘千里。中国守军同仇敌忾，浴血奋战，共毙伤日军1万余人，使侵华日军遭到空前惨败。

鄂西会战大捷是中国抗战以来的一次决定性胜利，是抗日战争的重大军事转折点，激励了全民抗战必胜的信心，由此开启了全国抗战的战略反攻。它是世界反法西斯战争胜利的著名战役之一，被西方军事家誉为“东方斯大林格勒保卫战”，提升了中国的国际地位。

六、恩施是中国人民解放军解放大西南地区的战役策源地

1949年10月，大西南的云南、贵州、四川（含现今的重庆市）、西康（今为四川省甘孜州、凉山州、攀枝花市、雅安市及西藏昌都市、林芝市）和西藏地区仍处于国民党的统治和控制之下。当时，国民党在西南地区有宋希濂、胡宗南等部正规军8个兵团，共37个军约45万兵力。蒋介石沿秦岭、大巴山、巫山、武陵山部署重兵设置了“西南防线”，企图阻止人民解放军进入大西南。从1949年7月开始，宋希濂部第十四、二十兵团6个军10万余兵力，依托鄂西南丛林山地构筑了阻止解放军入川防线。

策源地是指策动和起源的地方。1949年10月28日至11月25日，中国人民解放军第二、第四野战军和湖北军区，联合实施了以围歼宋希濂集团主力、解放恩施为主要目标的鄂西战役。战场覆盖恩施8县地域和乌江以东的黔江、石柱、酉阳、彭水等川（渝）东地区，共歼敌4万余人。其中在恩施境内作战近一个月，发动大小战斗30余次，战战全胜，歼敌3万余人。解放了恩施各县，“拦腰”斩断了蒋介石的“西南防线”，从东面打开了人民解放军进军四川、解放大西南的门户。参加鄂西战役的解放军指战员共5个军15个师，除湖北军区独立二师留守恩施外，其他部队旋即从恩施挺进四川，参加以解放大西南为目标的西南战役。至1950年4月7日，大西南的川黔滇康4省除西康昌都外，全部宣告解放。10月19日，昌都获得解放。1951年5月23日，西藏和平解放。

七、恩施是中国革命事业的力量生成地

1840年鸦片战争后，中国逐步成为半殖民地半封建社会，国家蒙辱、人民蒙难、文明蒙尘，中华民族遭受了前所未有的劫难。为了拯救民族危亡，中国人民奋起反抗，进行了不屈不挠、可歌可泣的革命斗争。恩施虽地处内陆深山，但同样受到帝国主义、封建主义和官僚资本主义“三座大山”的压迫。对此，恩施人民不畏强暴，奋力抗争。鸦片战争中，鹤峰籍名将陈连升父子，在广东虎门抗英战场英勇杀敌，壮烈殉国。清末，利川、恩施先后涌现震惊清廷的“反洋教案”，咸丰爆发震惊川鄂湘黔的鄂

川边反清起义，巴东、建始、利川、恩施、来凤等县大批青年学子参加辛亥革命，投身武昌首义。

特别是1921年中国共产党成立后的新民主主义革命时期，党领导下的恩施地区革命斗争风起云涌，这块土地上先后有45万各族儿女投身革命事业。其中大革命时期4万余人、土地革命时期20余万人、抗日战争时期近11万人、解放战争时期近10万人。全州约有1.8万人为中国革命和民族复兴事业献出宝贵生命。湘鄂边苏区鹤峰革命烈士陵园陈列的湘鄂边革命烈士英烈墙上有姓名的烈士达8087名。

曾担任过党和国家领导人的老一辈无产阶级革命家董必武、刘伯承、贺龙、邓中夏、任弼时、关向应、王震、萧克、廖汉生、余秋里、王恩茂、陈锡联、刘华清等先后到恩施山区进行革命活动，开展革命斗争。中华人民共和国成立后，1955年中国人民解放军实行军衔制度，至1964年间授予的元帅和大将、上将、中将、少将军衔的中国人民解放军高级将领共1614位，其中有220位在恩施土地上留下了战斗足迹。

《恩施土家族苗族自治州革命遗址遗迹总览》显示，在中国革命斗争中，恩施土地上留存有1403处革命遗址遗迹。这些革命遗址遗迹是恩施巍峨的红色丰碑，是红色恩施的鲜明印记，是党和国家的红色基因库。

试论抗战时期鄂西南地区的中华民族共同体建设

李秀林①

1938年10月武汉沦陷后，湖北省政府迁往恩施。鄂西南地区成为陪都重庆的重要拱卫和大西南后方的战略屏障。鄂西南抗战的过程也是鄂西南地区中华民族共同体建设的过程，日本帝国主义的入侵给鄂西南地区带来了深重灾难，但也引发了各族同胞民族意识的空前觉醒。在外部威胁下，鄂西南各民族从自在发展走向自觉联合，中华民族共同体在各种抗日活动中形成并得到巩固。中华民族共同体的形成和发展又反哺了鄂西南地区的抗战和建设，提升了鄂西南地区的民族凝聚力，挖掘并集中了一切抗战和建设资源，为获取抗日战争的伟大胜利和鄂西南地区的快速发展奠定了基础，提供了保障。

关键词： 鄂西南地区；抗日战争；中华民族共同体

本文所指的鄂西南地区即湖北省西南部地区，包括恩施、宣恩、建始、来凤、利川、鹤峰、咸丰、巴东8县，抗战时期属湖北第七行政督察区。1938年10月武汉失守后湖北省政府西迁恩施，此后国民党第六战区司令长官部和湖北省临时省会驻扎恩施长达7年之久。作为多民族聚居地的鄂西南地区，抗战期间不仅顶住了日本侵略军的兵锋，而且获得了自身历史上少有的发展机遇，民族团结也达到了空前高度。各族同胞打破民

---

① 李秀林，中南民族大学博士。

族、宗教和文化的藩篱，形成了一个政治上团结统一、文化上兼容并蓄、经济上相互依存、情感上相互亲近、你中有我、我中有你的共同体，中华民族共同体意识在鄂西南各族同胞中得到快速建立并达到广泛认同。

一、抗战时期鄂西南地区中华民族共同体建设的背景

1938年6月，武汉会战爆发。中日双方经过四个月鏖战，日军最终占领除汉口法租界外的武汉全境。1938年11月，湖北省政府迁入鄂西南恩施，此后恩施成为湖北临时省会。

恩施地理位置十分险要，自古便有“锁钥荆襄，咽喉巴蜀”之称，是日军入川和进攻重庆的必经之路。成为湖北战时省会后，鄂西南地区的重要性更急剧上升，成为湖北抗战的四大中心。一是战时政治中心，随省政府一同迁往恩施的还有湖北省属各厅、局、处、委、办以及直属机关单位、国民党湖北省党部、湖北省临时参议会、三青团湖北省支部、湖北省保安司令部、省高级法院以及监察院两湖监察使署、行政院中央赈济委员会第十救济区等驻湖北省中央机关共87个机构。二是战时的军事指挥中心。国民政府驻鄂军事机关和省级军事机关如湖北省军管区、各师管区、湖北防空司令部、湖北保安司令部、第六战区兵站总监部、军法执行监部、军委会特务第二团及宪兵营部以及中国红十字会第六大队和军政部所属的15所后方医院随湖北省政府一并迁往恩施。宜昌沦陷后国民党对战区进行调整，新成立的第六战区司令长官部驻扎恩施。第六战区统辖4个集团军近40万兵力，统一负责鄂西南、鄂中、湘西、黔东北和川东的作战及防务，恩施成为国民政府川、鄂、湘、黔四省抗战的指挥中心。三是全省文化和教育中心，省府迁入恩施后，湖北省内的47所中等以上学校合并组成的“湖北联中”总部和下属的20所分校随之迁入；9所职业学校（含师范职业学校）的万余名师生常驻鄂西南8县；湖北农学院、湖北医学院、湖北省立教育学院、湖北工学院等高等院校相继在恩施建立。抗战期间湖北省的7所省立实验民众教育馆中有5所迁入鄂西南，湖北省立图书馆、公共科学馆、社教工作团及大量民间文化团体也先后设址于此。

但是战前鄂西南地区的自身状况却不容乐观。政治上豪宗强族把控

基层政权，从政治、经济、文化和社会生活等各个方面对民众进行规训，而中央和地方政府的管理却始终鞭长莫及；地方军政长期由地主团防把持，形成了类似于割据军阀的地方势力。“团阀把持横行较昔年土司尤甚，阻挠政令挟持官吏”，以致民众“只畏团队之威权，罔知政府之法令”。经济上极端落后，农民长期沿用原始的劳作方式，劳动强度高却效率低下。“山谷贫民不常饭稻，半以包谷、甘薯、荞麦为饔食”[①]，“农人依山为田，刀耕火种，备历艰辛，地不能任旱涝，虽丰岁不能自给，小侵则蕨根为食”[②]。鄂西南地区虽有丰富的矿产资源，但从未得到有效的开发和利用，近代工业几乎一片空白，民间商贸活动也只存在于食盐的购买和桐油、茶叶、生漆、木耳等山货的例行交易中[③]；文教上教育不张导致文盲充斥，1936年，鄂西南八县仅有完全小学30所，初级小学351所，简易小学7所，在校小学生21851人，教职工585人。“部分地方仍无弦诵之声，能识字断句者凤毛麟角，寥若晨星”[④]。恩施县1937年全县人口28万，能识字者2.9万，文盲率高达89.6%。[⑤]咸丰县1934年全县识字人数10666人，文盲率92.4%；来凤县1937年文盲率86%，情况最好的建始县文盲率也有83%。社会治理上不得章法，以致烟毒横行、赌馆遍地，社会呈现出明显的封闭性和落后性且各类矛盾尖锐对立。加之日寇锋芒直逼，军民人心惶惶；国土的不断沦陷使省政府的控制地区不断萎缩，税源剧减，财政收入雪上加霜；大量军队、公职人员、学生和难民的潮涌又使鄂西南地区人口剧增，物资供应捉襟见肘。总的来说，战前鄂西南地区的现实状况与所承担的“抗战建国”使命之间存在着巨大差距。

---

① （清）李勖修，何远鉴纂：《来凤县志》，同治五年刻本。

② （清）廖恩树等：《巴东县志》，同治五年修清光绪六年重刊本。

③ 据《湖北省第七区年鉴》载，民国二十七年（1938年）恩施县约有大小商户300余家，建始县约有商户150家，利川约200家，巴东约百十家，来凤约500家，咸丰约数十家，宣恩约50余家，鹤峰约20余家。这些商户大多为小本贸易，商品基本为满足本地需要，少量销往外地。输入鄂西南地区的商品大多为百货、杂货、布匹、油、盐等，输出商品基本为本地盛产的药材、茶叶、生漆、桐油之类。

④ 龚和生：《恩施抗战教育纪实》，武汉：湖北人民出版社，1992年，第58页。

⑤ 龚和生：《恩施抗战教育纪实》，武汉：湖北人民出版社，1992年，第78页。

二、抗战时期鄂西南地区中华民族共同体建设的过程

为守住大西南门户，争取抗日战争的最终胜利。中国共产党、国民党湖北省政府、抗日团体和爱国民主人士从政治、经济、文化等多个层面对鄂西南地区进行了改造。鄂西南抗战和地区开发的过程同样是鄂西南地区中华民族共同体建设的过程，二者相辅相成，相互作用。

1. 中国共产党开展了一系列抗日救亡运动

一是宣传抗战。1938年5月，中共鄂西地下党以开办农村合作事业的公开身份前往各县担任合作指导员。鄂西8县中除恩施县外，其他7县的合作办事处主任都是中共地下组织成员①。这些工作人员深入农村，通过办壁报、办农民夜校、工人夜校和妇女识字班等方式宣传中共及其领导下的人民军队在抗战中的伟大作用，对合作社社员进行抗日宣传和阶级教育，提高其政治觉悟，从中发现并培养党员。恩施地区最早开展抗日爱国宣传活动的学校是恩施县芭蕉小学，早在1938年春，该校校长、中共党员沈德枢、教师张静娴便组织开展抗战宣传。他们利用学生的课余时间编排抗日救亡短剧，音乐课上教习抗日救亡歌曲，组织学生对外演出。"湖北联中"迁入恩施后，学校的共产党员频繁地组织抗日宣传活动。鄂西南民众也热烈响应，一有演出往往有成百上千名民众带着灯笼火把步行几十里山路前往观看。

二是与国民党开展军事合作。1937年，中共领导人董必武与国民党人李范一，湖北省建设厅厅长石瑛协商在湖北应城汤池开办了"湖北省建设厅合作事业指导员训练班"。1938年4月，汤池训练委员会在汤池训练班基础上又成立了汤池临时学校。训练班和临时学校从本质上是抗日民族统一战线领导下国共两党合作开展敌后农运的典型范例。二者总共为湖北地区培养了600多名抗日游击干部，成为国共两党敌后游击战争中的军事骨干。

三是不断推进抗日民族统一战线建设。1938年8月，地下党员谢文生、

① 恩施县合作办事处因与第七区合作办事处合署办公，由鄂西地下党直接指导，具体合作业务由陈延熙主任领导。

李微曦以恩施县民众教育馆的名义创办“抗敌剧团”。“抗战剧团”吸纳和邀集恩施社会各界人士参与，其中既有机关职员、学校师生、街道居民，也有恩施地方官员、国民党军官及其眷属等，开启了鄂西南地区抗日民族统一战线的序幕。此后中共在鄂西南地区为建设和推进抗日民族统一战线展开了一系列运动，过程中成功争取到了以国民党湖北省主席严立三，省建设厅厅长石瑛，省民政厅厅长张难先，省通志馆馆长李书成，省政府临时参议会参议员李范一、李四光，省民政厅主任秘书聂国青、贺有年、林源泉等人为代表的一大批进步人士的拥护和支持，逐步打开了鄂西南地区统一战线的局面。双方在支持鄂西南抗战、保护抗日进步青年、督促鄂西南地区经济开发、教育振兴以及营救、掩护共产党员等方面问题上达成了一致并取得了诸多成绩。

2.国民党湖北省政府的抗战和社会建设

一是进行了广泛的抗战动员。1939年3月，国民政府国防最高委员会组织成立“国民精神总动员委员会”。陈诚担任湖北省主席后在湖北开展了国民精神总动员运动。1939年5月，湖北省政府发布训令，对省内国民精神总动员运动的工作计划及办法做出了详细规定。分别要求国民党湖北省党部及各县分部、湖北省各级政府、第六战区驻军政工部门及活动于恩施地区的三青团、新生活运动促进会和其他社会团体全力推进国民精神总动员运动。在国民精神总动员运动的号召下，鄂西南八县开展了一系列以爱国主义为核心的抗战宣传活动。

二是进行了一系列政治、经济、文化建设和社会治理。政治上推行新县制，提高政府行政效能；增设了新机构，完善人员配置；裁汰和惩处贪赃枉法、民愤极大的地方官；重新编制保甲，从根源上消除封建势力和地痞流氓对基层政权的把持。经济上制定“新经济政策”，实施以粮食增产为目的的农业改革；颁布《新湖北建设计划大纲》促进鄂西南工矿业发展；通过整治公路、修建桥梁、开辟水道、扩建机场等方式完善交通网络；成立“平价物品供应处”以保障民生。文化教育上组织学校西迁，建立“湖北联中”以保存文化火种，推行“计划教育”以保障青年入学，为鄂西南地区开启了民智。社会治理上通过严厉禁烟使鄂西南地区烟毒肆虐的状况得以改善；通过打击土豪劣绅使基层政治面貌焕然一新；通过清剿土匪扭转了社会秩序；通过开展社会教育改变了鄂西南民众普遍存在的“散、愚、穷、弱”问题，使民族地区的社会风尚得以革新。

三是组织了正面战场的对日作战。自1938年湖北省政府西迁恩施至1945年还治武汉的7年间，鄂西南所属第六战区和湖北境内国民党爱国官兵在随枣战役、枣宜战役、反攻宜昌战役、沔阳战役、鄂西会战、策应长沙战役、常德战役、增援长衡会战、增援桂柳会战、豫西鄂北会战、湘西会战等战役中同仇敌忾、奋勇冲杀，不断夺回失地，拱卫了陪都重庆和大西南后方。

3.鄂西南地区群团组织积极参与抗日救亡

抗战期间，鄂西南地区相继成立了农会、职业工会和妇女协会等组织。1944年8月，鄂西南8县共有县农会8个，乡农会131个。农会组织主要着力于干部训练、推广良种、倡导冬耕、二五减租、办理贷款和产销合作等工作，促进了鄂西南地区的农业发展，为湖北抗战的胜利提供了物资保障。1941年，恩施县成立总工会，隶属于县政府社会科，内设理事会和监事会。至1944年1月，恩施县总工会下辖三个区分工会，8个乡分会和10个职业工会，会员5456人①。工会组织开办了工友会员业余讲习所，工友代笔问事处、工友失业介绍所、工友医疗室等福利事业，但国民党和三青团对鄂西南地区工会组织的控制极其严格，工会内部设有国民党党部和三青团分队组织，因而工会组织在鄂西南抗战期间主要是调解劳资纠纷、解决工人内部矛盾，参与抗战宣传及服务的机会很少。1941年8月，湖北省妇女会筹备委员会在恩施成立，不久巴东、建始、利川、咸丰、鹤峰等县及部分城乡郊区也成立了妇女协会。这些协会在抗战期间开展了一系列活动，如进行抗战救国宣传，慰劳出征军人家属，组织妇女学习文化、卫生知识等，在启发民智、宣传抗日方面发挥了一定作用。

4.民主人士和地方乡绅的抗日民族活动

在中共抗日民族统一战线的鼓励与感召下，大批抗日民主人士和地方乡绅也积极投身到反抗日本侵略、追寻民主的大潮中来。国民党人李范一

① 湖北省恩施土家族苗族自治州地方志编纂委员会：《恩施州志》，武汉：湖北人民出版社，1998年，第625页。

在北伐战争中曾任国民革命军总司令部交通处长，全面抗战爆发后出任湖北省农村合作人员训练班主任。1940年初李范一来到恩施，在龙凤坝以办水磨厂为掩护暗地进行抗日联络和统战工作，直至抗战结束。著名爱国民主人士张难先在抗日战争全面爆发前便是政界最早主张抗击日本侵略者的人士之一①，1937年11月被任命为湖北省政府委员兼省财政厅厅长，1939年6月又担任省民政厅长。在湖北期间，张难先参与领导了湖北省政府的西迁。到恩施后又筹划了一系列的建设和改革，如主持修建了恩施至利川、来凤至咸丰、恩施至宜昌的公路；落实减租政策，减轻农民负担；巡视鄂西各县，调查了解各地战争受损情况；鼓励军民坚持抗战，厉行禁烟等。1941年4月张难先自费开办了“耻庐成人识字班”义务教文盲识字，同时宣传抗日救国思想。工商界著名爱国人士周苍柏抗战期间担任湖北省银行总经理（行长），兼任湖北省平价物品供应处总经理。周苍柏在鄂西南地区大力推进“民享服务”“物物交换”等政策以稳定民众生活，同时资助陶铸举办抗日游击训练班。周苍柏的次子周德佑在上海读书时已加入中国共产党，后进入汤池游击训练班学习，毕业即参加拓荒团；女儿周小燕就读于上海国立音专，全面抗战爆发后回武汉组织武汉合唱团，四处演唱《义勇军进行曲》《在太行山上》《游击队歌》《大刀进行曲》《牺牲已到最后关头》等抗日救亡歌曲；夫人董燕梁抗战期间担任妇女抗敌后援会负责人，组织妇女为前线将士缝制棉衣。利川人陈耀智青年时考入保定军官学校，参加过武昌起义。全面抗战爆发后，陈耀智将次子陈道巽送往抗日前线，1938年夏，陈道巽在广西柳州殉国，陈耀智虽悲痛万分，但仍以卫国为重开导家人。

鄂西南士绅也为抗战事业做出了巨大贡献，其中以恩施赖氏一族最为突出。湖北省政府西迁恩施后选址在土桥坝地区，土桥坝所属的七里乡第七区乡长赖巩煌、保长赖世郧既是赖氏族长，又是赖氏总祠堂的负责人。赖氏一族在土桥坝地区拥有大屋231栋，面对省政府的房屋需求，赖巩煌、赖世郧二人当即表态：在此国难当头，民族存亡之际，我们全力支

---

① 张继才：《论张难先在抗日战争时期的思想与活动》，《武汉科技大学学报（社会科学版）》2016年第1期。

持抗战，保证按需要腾房，租金分文不取。随后赖巩煌、赖世郧以赖氏总祠堂的名义腾出族内1300多间房屋以满足省政府需要，且房屋和各种家私概不收租金。赖氏族人搬出住宅后，有的住在庄屋（即佃户住房）中，有的投靠亲友，有的在路边搭棚租屋，虽然风餐露宿但无怨无悔。赖氏家族不仅为省政府让房借家具，还努力发动族众投入各项经济建设和公共事业建设，为抗战出力。省政府迁驻恩施之初，粮食及副食品供给不足导致粮价大涨，赖巩煌要求赖氏经营的粮行积极筹措粮食，抑制粮价，公平买卖，尽量为买粮单位和个人提供平价粮食。1941年省建设厅修筑小（小渡船）舞（舞阳坝）公路时，赖巩煌又发动了200多名族人充当民夫参与筑路，省建设厅改建土桥坝周围人行大道时，也有大量赖氏族人积极参与工程建设。抗战期间，赖氏一族秉承着牺牲小我、共赴国难的爱国主义精神，为支援抗战做出了巨大贡献。

5.鄂西南各族同胞团结抗战

一是积极参军参战。自1937年抗战全面爆发至1945年抗战胜利，鄂西南8县共有十余万名青年走上抗日战场，参军人数占到总人口数的7%。抗战期间湖北全省共征兵70余万人，其中六成以上来自后方国统区的第五、六、七、八四个行政督察区[①]。鄂西南地区共动员入伍十万人以上，占1945年全区人口总数的6.91%，每万人贡献兵员达727人，超过全省平均数两倍以上。14年抗战，鄂西南军人为保卫国家、抗击日军侵略付出了巨大伤亡。根据民国时期编撰的《中华民国忠烈将士姓名录》和国家图书馆出版的《抗战阵亡将士资料汇编》记载，有名可查的在对日作战中阵亡的恩施籍将士共计1375人，其中恩施县阵亡221人，来凤县阵亡157人，鹤峰县阵亡94人，巴东县阵亡322人，利川县阵亡207人，宣恩县阵亡92人，咸丰县阵亡80人，建始县阵亡202人，八县因战受伤者更是不计其数。

二是重负劳役，支援前线。鄂西南抗战期间民夫劳役既要为部队运输物资、军粮，又要参与地方农田水利、造林和修筑道路等建设工作。湖

① 徐旭阳、汪建武：《抗战时期鄂西后方国统区政权组织的职能和作用》，《湖北民族学院学报》2005年第2期。

北省每年需要为驻军运输的军粮约为300万石，其中需配发第五战区稻谷140万石、小麦60万石，需配发第六战区稻谷90万石。恩施在抗战期间是整个战区的军粮购、储、配发中心，因公路车辆运输能力有限，粮草的集中、运输、交接和配发都只能依靠民夫人力。8年间鄂西南8县共有615061人次的民夫随军出征，110万人次民工承担着境内各项援军和建设事业。《恩施县抗战史稿》中曾有记载："八年以来，公私宗祠权做官署、兵营，水陆田畴辟为机场战垒；民众则悉供劳役，盖芷则充实胥储；队队征夫，群执以戈卫国，运输不绝于途，需要民力至巨，物力人力，消耗至巨。然民众犹竭诚于输将，妇孺兴奋而敌忾，始终起于消解"。

三是纳粮捐资，保障抗战。鄂西南地处大山深处，交通不便，民力贫弱，自古便有"养不起兵"的说法。湖北省政府西迁后基本失去了对省内中东部地区的控制，全省军粮任务基本落在了后方国统区民众身上。1941年至1944年的4年间，[①]湖北全省共征粮620万石，法币7966307元。所征粮食大部分来自鄂西南地区，一半以上拨付军队作为军粮。以建始县为例，抗战期间为保障战时军粮供给，自1940年至1945年间建始县共提供粮食（谷、稻）604040石，折合3261.815万公斤，人均负担128公斤，居鄂西南八县之首[②]。除军粮外，鄂西南各县民众还为军队提供各类副食品和捐献款项。建始县在抗战期间共捐献菜油84万斤，苞谷315万斤、麸皮50万斤、豆类265万斤、木柴5000万斤、稻草25000万斤、白炭1800万斤、肥猪12580头，鸡鸭28560只；据恩施县不完全统计，抗战期间仅各种捐款便合计有1677609元[③]。

三、抗战期间鄂西南地区中华民族共同体建设的成效

一是形成了中华民族命运共同体。习近平总书记曾指出："血与火的

---

① 注：1945年全省免征田赋1年。

② 建始县地方志编纂委员会编：《建始县志》，武汉：湖北辞书出版社，1994年，第493页。

③ 湖北省恩施土家族苗族自治州地方志编纂委员会：《恩施州志》，武汉：湖北人民出版社，1998年，第772页。

共同抗争让各族人民深刻认识到，中华民族是一个命运共同体，一荣俱荣，一损俱损。”[①]抗战期间鄂西南地区的中华民族共同体建设团结了各民族、各党派、各社会团体、各爱国人士，汇聚了鄂西南各方爱国力量，推动鄂西南地区中华民族命运共同体的形成。中国共产党在主导中华民族共同体建设的过程中通过广泛的宣传中华民族共同体意识，号召各党派、各阶级、各群体、各民族团结起来，放下纷争，一致对外，使全民族抗战的观念在鄂西南地区的工人、农民、学生、手工业者、知识分子、小资产阶级和民族资产阶级中得到广泛传播。国民党湖北省政府也通过普及民族国家观念强化民众守土卫国的意识，使民众从愚昧走向开化，从冷漠走向反抗。中华民族命运共同体的形成过程是从精神上唤醒鄂西南各族民众抗战意识的过程，人民群众不再认为抗战救国是某个民族、某个地区、某个群体、某个党派或某个阶层的责任，实现了“每个士兵每个人民都明白为什么要打仗，打仗和他们有什么关系”[②]，真正将抗日救亡、保家卫国的观念内化于心、外化于行。

二是形成了中华民族政治共同体。中华民族共同体作为一个有组织、有秩序的实体，必须建立在国家政治制度、政治体系有效运行的基础之上。[③]抗战期间鄂西南地区中华民族共同体建设的过程也是该地区政治近代化的过程，国共两党皆在各族人民权利平等、民族团结等方面做出了努力，推动鄂西南地区形成了中华民族政治共同体。一方面，民主政治运动的开展激发和调动了鄂西南各族民众参与政治的积极性。中共鄂西地下党以各县的合作事业办事处为基地向广大农民社员宣传人人平等、每位社员都有选举权和被选举权等思想，通过办壁报、开展校园宣传、组织工人夜校、举办妇女识字班等方式在鄂西南各个阶层、群体中讲解社会主义发展史，分析鄂西南地区的政治现状，宣传中国共产党及其领导的军队在抗战中的伟大作用，对鄂西南群众进行抗日宣传和阶级教育，使其思想觉悟得

① 蒋连华：《学习和把握习近平民族团结思想的丰富内涵》，《中国民族报》2017年8月8日。

② 毛泽东：《毛泽东选集》，北京：人民出版社，1991年，第481页。

③ 崔榕、赵智娜：《抗战时期中国共产党建设中华民族共同体的经验与启示》，《中南民族大学学报（人文社会科学版）》2021年第10期。

到提升，政治意识不断加强。另一方面，国民党湖北省政府以新县制为主的政治改革在一定程度上改变了鄂西南长期以来政令止于县政的格局。对鄂西南地区产生了一定的有利影响，最直接的便是从省、县到区、乡、保甲的行政体制的确立。而以此为基础国家行政权力得以穿透鄂西南地区以往固有的宗族、家族势力对基层政权的控制，对本地区的民族格局和民族关系产生了制约。加之陈诚改变了历代中央政府对民族地区“以其故俗治之”的惯例，从政治、经济、文教、社会风俗等方面进行强力整合，在整饬生活、推进社会转型的同时，也对鄂西南民众的思想观念产生了重要影响。厉行禁烟，查禁赌博，取缔娼妓，革除婚姻、殡葬陋习等措施净化了社会风气、提高了民众素质、增强了抗战力量，也强化了鄂西南各族民众的政治认同。

三是形成了中华民族经济共同体。发展民生是保障各族人民生存利益，增强中华民族共同体意识的主要方式。鄂西南抗战期间国共两党不仅在军事与政治方面发动群众与日寇展开激烈较量，而且极尽所能地进行了经济方面的建设，加强了鄂西南地区对抗战的经济保障能力，形成和巩固了中华民族利益共同体。中共地下组织始终将推动地区工农业发展并同时维护各族民众经济利益作为工作重点，在推进鄂西南各县合作社建设期间，众多地下党员深入农村，脚穿草鞋、身背行李、跋山涉水，调查农民经济情况，宣传号召农民起来组织合作社。国民党湖北省政府在鄂西南抗战期间也进行了地区经济建设，使鄂西南地区社会经济面貌得到很大改观，在保障了抗战的同时，各族民众的生计也得以改善，各族各地间的经济文化交流得以推进。更为重要的是，各族民众在频繁的经济活动中共同劳动，相互交往，加深了彼此间的认识和认同。战时经济活动改善了鄂西南地区的民族关系，使中华民族意识在鄂西南各族民众思想中日趋常识化，家国共同利益观念和爱国主义情感也得到了激发与培育。

四是形成了中华民族文化共同体。中华文化积淀着中华民族最为深沉的精神追求，是各族人民命运与共、生死相依的精神纽带，是各族人民共同执手的精神家园，是中华文明经久不衰、薪火相传的不竭动力。[①]抗战期间鄂西南地区中华民族共同体建设的重要成果便是以弘扬中华文化唤醒各族同胞的文化自觉，通过中华民族文化共同体的形成实现对日本帝国主义文化入侵的抵制。中国共产党通过全面的文化宣传动员工作在鄂西南群众中普及和传承中华优秀传统文化，加深了鄂西南各族同胞对中华文化的情感，启迪了对中华文化的自信和热爱。重建和强化鄂西南各民族共同的集体记忆，增强了各族群众的中华民族危机感和挽救中华民族危机的社会责任感，唤醒了各族同胞的革命意识。而且中共地下组织在文化宣传过程中把马克思主义与中华文化进行了有效结合，主张“民族的科学的大众的”文化建设目标，将社会革命与民族命运联系起来，激发了中华民族强大的民族凝聚力和战斗力，为鄂西南抗战的最终胜利和中华民族共同体的现代建构奠定了共同的文化基础。国民党湖北省政府推行的计划教育加快了现代教育体制在鄂西南地区的建立速度。新式学校代替了传统书院和私塾，统一的国民教育得以迅速普及。教学内容由政府教育行政部门统一安排，以现代科学知识及中国政治、历史、文化内容为主，在很大程度上超越了地域和民族的局限性，教师多由受过新式教育的人员担任，教学内容的核心理念之一便是“依据中华民族为一整个国家理论，讲解民族主义以阐发爱国精神，泯除地域观念与狭义的民族观念所产生的隔阂”。教育体制的变革使新知识和新思潮传入鄂西南地区，在这种自上而下的“文化革命”推动下中华文化在民族地区快速而广泛地传播，原本处于边缘位置的各族民众逐步融入主流文化之中，在获得新的国家与民族认同的同时，客观上促进了国家与国民意识的凝聚。

四、抗战期间对鄂西南地区中华民族共同体建设的影响

1. 为全国抗战的胜利做出了重要贡献

湖北地处贯穿中国南北的交通要道，鄂西南更是扼守出入川渝的咽喉

① 崔榕、赵智娜：《抗战时期中国共产党建设中华民族共同体的经验与启示》，《中南民族大学学报（人文社会科学版）》2021年第10期。

地带。加之湖北省主要军政机关全部驻扎在作为临时省会的恩施，能否守住鄂西南，成为左右湖北战局乃至影响全国抗战的关键。中华民族共同体的建设最大限度地集合了这一时期鄂西南地区的人、财、物力，凝聚了各族各界民众的精神力量，挖掘了鄂西南地区的战争潜力，最终稳定了鄂西南地区的局势，阻挡了日军兵锋，保卫了鄂西南国土。鄂西南各族同胞在抗日民族统一战线旗帜的领导下同心协力，积极备战，与侵华日军进行了艰苦卓绝的斗争，守住了鄂西南防线。国民党第六战区军队与中共领导的敌后游击队相互配合，在鄂西会战中给予日军以沉重打击，粉碎了其占领鄂西南地区的企图，进而保障了陪都重庆和大西南后方国统区的安全。抗战时期，侵华日军先后发动了枣宜会战、湘北会战、鄂西会战、常德战役，但始终未能突破鄂西南防线，鄂西南8县也成为抗战期间守卫陪都重庆最为稳固的堡垒。

2.促进了鄂西南地区的经济开发

农业方面，1941年鄂西南8县征收田赋的数量已达到394158石，占全省田赋总数的55.21%[①]。1942年鄂西南8县人均粮食消费达到了稻谷121.8公斤，占粮食消费量的49.2%；小麦27.1公斤，苞谷、大麦、高粱、小米、豆类、薯类等杂粮120公斤，总计人均消费量达270公斤[②]，鄂西南地区基本解决了粮食问题。农业发展对鄂西南抗战的意义重大。一方面，粮食生产基本满足了鄂西南后方的军需和民用，稳定了战时社会秩序。粮食增产增加了农民口粮，保障了其基本的生活需要。在战时通货膨胀严重的情况下，农民能用富余农产品进行物物交换，如使用粮食换回布匹、食盐等生活必需品，减少了中介盘剥，稳定了民心。另一方面，粮食增产提高了民众抵御自然灾害和承受各项经济负担的能力，使其基本生活得以维持，社会矛盾有所缓解，社会秩序也因此稳定。相较于战前鄂西南地区动辄由于饥荒和租税盘剥过重引发暴动的状况，抗战14年间只有咸丰县出现过短时的农民反政府斗争，为抗日战争提供了一个相对有利的社会政治

① 恩施土家族苗族自治州地方志编纂委员会：《恩施州志》，武汉：湖北人民出版社，1998年，第427页。

② 湖北省地方志编纂委员会：《湖北省志·经济综述》，武汉：湖北人民出版社，1992年，第75页。

环境。

工业方面，抗战期间湖北省建设厅在恩施县设立的恩施煤矿厂开设矿井10余座，省卫生厅和第六战区也在该县开设7处矿井，年产煤炭6万吨。恩施太阳河、建始铁厂坪、来凤腊壁司、巴东龙潭、咸丰小盖坪等地开办了铁矿（厂）20多处。1939至1942年间鄂西南地区先后建立了利川硫酸厂、咸丰化工厂、恩施手纺厂、恩施造纸厂、巴东炼油厂、巴东机械厂、宣恩陶瓷厂等省营工厂，湖北省平价物品供应处也建有纺织厂、碾米厂、营造厂、煤炭厂、猪鬃厂、制药厂、机械修配厂、制茶厂、印书馆等企业。各县还成立了大量县营工厂和民营工厂，这些工厂从事纺织、制砖、文纸印刷、烛皂制造、制革、碾米、烧炭等产业，产品大多用来供应鄂西南地区民众的生活生产需求，盈余部分还向重庆、四川、湖南等地区调配。这些工矿企业的建立和发展具有重要的历史意义。一者它们有效增加了鄂西南地区工业产品的生产和供应能力，为粉碎日伪势力对鄂西南地区的经济封锁奠定了物质基础；二者工业的开发为鄂西南地区长期落后的社会经济提供了一次快速发展的机会，迅速缩小了其与省内其他地区的经济差距。这些战时企业虽然规模有限，生产工艺也相对落后，但它们是鄂西南地区近代工业发展的起点，在鄂西南开发史上具有相当重要的地位。

交通运输业方面，通过交通网的建设在地理空间上将鄂西南各县连接成一个整体，形成了境内统一的物资运输网络。一方面，战时这一运输网络运送了大量的人员、弹药、军粮等战略物资，保障了前线与后方的联系，打破了日军对我国的战略交通封锁。如1937年迁入建始的第六战区第四十二陆军医院和1938年11月迁入恩施土桥坝的湖北省立医院是战时治疗伤兵的重要单位，1940年战线西进后鄂西南地区与前线相接，一线部队转移下来的伤兵首先通过巴咸公路运往上述两所医院救治，重伤员则通过巴咸公路或由巴东转水运送往大后方。又如驻扎于恩施红庙的第六战区辎重兵团拥有军用卡车60余辆，承担军用物资的运输工作。咸丰修车总厂和巴东机械厂是辎重兵团的重要维护单位（修车总厂负责维修战损车辆，机械厂负责生产不可修复之零件），巴石、咸来公路则是辎重兵团车辆前往上述单位的唯一道路。另一方面，交通运输业的发展促进了鄂西南地区的经济开发。鄂西南盛产的桐油、生漆、煤炭、铁矿石、硫黄等战略物资及纸张、被服、布匹、毛巾、鞋袜、棉花、茶叶等生活物资也是通过这些交通网络运输。

商业方面，贸易日趋繁荣。抗战期间鄂西南地区的商业得到了快速发展，鼎盛时期仅恩施城区的商号、店铺就达到了873家，比战前增长了两倍有余。至1943年时恩施城区商业行业发展到23个，商户801家，资本22亿元。农村各类商户873家，年贸易额367万元。商业发展对鄂西南地区产生了极其深远的影响。一是保障了国统区民众的基本生活需求，为湖北抗战提供了较为稳定的后方。商贸活动促进了物资流通，将大量军民急需的生产生活用品运入境内，保障了民众的生活需要，缓解了物资短缺问题。二是改变了鄂西南地区落后的社会面貌，缩小了鄂西南与省内其他地区的经济差距。商业是地区发展的催化剂和助推器，频繁的商贸活动打破了鄂西南地区的封闭状态，瓦解了当地落后闭塞的封建小农经济。对外贸易中与商品同步进入鄂西南地区的还有先进的生产设备、技术和生活理念，广大民众也在商贸活动中逐渐领受了新的生活方式。三是冲击了鄂西南民众的思想。各类丰富的贸易活动带来的物资、人员及文化冲击了鄂西南民众的自我文化和地区文化的最初概念，推动了该地区民众的自我认同和区域认同。大批本地民众通过商贸活动外出谋生，在与外界的交流中更新了对外部社会和文化的认知，逐渐摒弃了封闭自守的观念，开始主动融入外部世界。

3.推动了鄂西南各民族的交往交流交融

首先，战时省治西迁恩施带来了大量人口，客观上加快了鄂西南地区各民族交往交流交融的速度。日军攻陷武汉后，随着湖北省政府西迁恩施，“职员眷属及各界避难者先后来此，散居各县”，开启了鄂西南地区抗战时期人口大规模迁入的历史。外来人口的规模化迁入使鄂西南地区人口数量激增，而人口的迁移和流动是影响民族间交往交流交融的重要方面[①]，新迁入者因生产、生活需要与当地居民发生各种互动，构成民族交往的基本内容，而短时间内人口的规模化迁移必然加速鄂西南地区各民

① 赵罗英:《论新中国成立70周年来的人口流动与民族交往交流交融》,《西北民族大学学报（哲学社会科学版）》2019年第6期。

族间的族际交流互动和关系整合。抗战宣传和爱国主义教育进一步加快了民族交往交流交融的进程。鄂西南作为抗战时期湖北省会驻地和抗战指挥中心，也是湖北抗日救亡运动的主阵地。国共两党、民主党派、爱国团体和民主人士通过多种方式在鄂西南地区掀起了一轮又一轮抗日救亡运动的高潮。在此过程中，各族同胞的民族意识和国家意识被快速启迪，中华文化及其所蕴含的民族精神得到发扬传播。面对日本帝国主义这一共同敌人和战争年代所面临的共同的民族危机，鄂西南各民族同胞对于“民族”和“国家”的认识得到迅速统一，在涉及上至国家民族命运，下至社会生活各层面的诸多问题上也都取得了广泛的一致性和共识性。继而形成了强烈的集体身份认同感和归属感，“我们都是中国人”“我们都是中华民族一分子”“民族存亡，匹夫有责”等观念逐渐深入人心，最终使各族同胞拥有了共同的价值取向、精神家园和心灵归宿。

其次，各族民众在生活方式上相互影响，形成了新的社会风尚。抗战期间鄂西南地区吸引了来自全国、全省各个地区，各种职业的军人、政府官员、知识青年、学生群体，他们在与本地民众共同的生活和劳作中，带来了并传播了各地区、各民族、各行业的不同文化，也促进了不同地区、不同民族和不同行业的生活习俗和社会文化的互相融合。新迁入鄂西南地区的人员与当地民族共同生活、共同劳作，生活、生产方式上彼此借鉴、相互影响。汉语成为普遍使用的语言，男子的中山装和女子的旗袍成为这一时期鄂西南社会的着装趋势，不少土家族女性模仿旗袍对传统女装进行修改，一时大受欢迎，后来一度发展到城镇及郊区民众均着汉服，这一趋势逐步影响到农村地区。土家人爱吃社饭、喝油茶汤，住风格独特的吊脚楼，苗家人饮食喜酸辣，擅长歌舞乐器的特点被汉族人接受并发展成为自己的生活习俗，北方汉族喜食面食等饮食习惯也在这一时期快速传入鄂西南地区。各民族间的风俗习惯也在相互交往中得到彼此的认同，甚至成为共同的节庆。抗战时期特殊的时代背景赋予了各族群众在文化方面交往交流交融新的特点，这一时期鄂西南民间创作出的文化艺术作品在表现手法上灵活、独特，在内容取材上具有鲜明的时代特点。乡村的山歌、田歌、莲戏，城区的龙灯、蚌壳舞、狮子舞都以宣传抗战为题材。

4.为中华人民共和国成立后鄂西南地区的发展奠定了基础

中华民族共同体建设不仅在抗战时期为鄂西南地区凝聚了人心，集结了力量，成为战胜日本帝国主义侵略的坚实保障。同时其对鄂西南地区政治、经济、教育和社会文化的变革以及中华人民共和国成立后对鄂西南的进一步开发奠定了基础。

其一，民众国民意识的形成为中华人民共和国成立后鄂西南地区的开发奠定了政治基础。一方面，以新县制为代表的政治体制改革打破了中国自古以来“皇权不下县”的基层政治格局，也瓦解了鄂西南地区宗族势力对普通民众的控制和盘剥，使其接受政府的领导。此举为鄂西南地区初步建立了现代政治制度框架，在加强中央政府对鄂西南基层政权的管理和控制的同时也使鄂西南民众实现了由“族人”向“国民”的身份意识转变。另一方面，抗战时期鄂西南地区中华民族共同体建设的过程也是鄂西南各族同胞的民族意识和国家意识形成的过程。“中华民族”概念的传播唤醒了民众的爱国意识，将自身命运与中华民族整体命运紧密联系在一起。“中国人”成为各民族群众对外判断和区分“我者”和“他者”的标准，“中华民族”成为每个“国民”的标识。“国民”既是一种社会政治身份，也承载着一个国家的历史文化，体现出民众对国家的认同、归属和忠诚，对国家主权、安全、发展利益的捍卫以及对自身权利的维护和义务的履行。战争年代，国民意识的形成为民族国家的构建创造了基本条件，也为当时的对日作战提供了极大的动员力。中华人民共和国成立后，随着中国民族国家构建的完成，国民意识进一步发展为人民意识，继而为鄂西南地区的经济开发提供了群众基础和政治保障。

其二，经济的近代化转型为中华人民共和国成立后鄂西南地区的开发奠定了经济基础。抗战时期农业、工矿业和商业的发展为鄂西南地区积累了一定的社会财富，也为中华人民共和国成立后鄂西南地区的进一步开发提供了物质保障。农业技术的推广使鄂西南地区完成了从“刀耕火种”的原始农业向近代农业转型的过程，农业产值有了大幅提升，基本解决了鄂西南民众的口粮问题。工矿业的开发使鄂西南地区建立了一批工矿企业，虽然规模有限且技术落后，但至少实现了从无到有。这些工矿企业在产出产品的同时，也培养了一批熟悉近代工业的职工和管理人员，为未来发展保留了火种。商业的开发改变了鄂西南地区历史上“民风闭塞，交通梗阻，人民只知以耕种为主，不惯操工商业”的状况，初步打通了该地区物资流通的渠道。道路、桥梁、机场等交通基础设施的建设则在一定程度上打破了鄂西南区域内部割裂、外部闭塞的状态，将各县在地理空间上连成整体的同时，使其与外部的四川万县、黔江等重要交通节点联系起来。在这些经济建设成果的基础上，中华人民共和国成立后对鄂西南地区进行的深度开发无须再“从零开始”，降低了开发成本，提高了发展速度。

其三，抗战时期文教事业的发展启发了鄂西南地区的民智，同时也为中华人民共和国成立后的进一步开发保留了人才和技术资源。一方面，战时学校西迁为鄂西南地区保留了教育骨干。抗战期间“湖北省立联合中等学校”的22所分校中有20所迁往鄂西南地区，湖北联中的举办抢救了战时湖北教育资源。1949年底，鄂西南各县陆续解放，各县政府采取“维持现状，立即开学”的办法迅速组织学生复课，湖北联中各分校得以继续为中华人民共和国培养人才。另一方面，战时教育体制的实施在纷乱的战争环境下为鄂西南地区汇集了人才，也为各行业培养出一批有知识、懂技术的青年才俊，提升了鄂西南地区的整体文教水平。学校教育使科学技术得到普及，接受过科技教育的学生又将所学知识在工作中发散出去，实现了新技术的传播。虽然抗战胜利后很多鄂西南地区培养的科技人才随湖北省政府一同迁回武汉，但也有一批有志青年选择留下建设鄂西南家乡。中华人民共和国成立后，这些人成为鄂西南地区进行社会主义建设的生力军。

恩施州红色文化对中国革命的历史贡献

陈文俊[①]

恩施州具有深厚的红色基因和丰富的红色文化资源，在中国革命的各个历史时期，恩施人民始终坚持在中国共产党的领导下，不惧艰险、顽强斗争，为实现民族独立、人民解放做出了巨大牺牲，也创造了伟大的历史功绩。

关键词：恩施；红色文化；中国革命；历史贡献

恩施，古称“施州”，地处鄂西南，自然风光绮丽，历史文化悠久。近现代历史上，革命志士、英雄人物辈出，使恩施成为一方红色热土。在中国共产党的领导下，恩施人民不畏艰险、前仆后继，为民族独立、人民解放做出了巨大贡献，诞生了隽永深刻的革命精神，创造出独具特色的红色文化。

一、星星之火点燃施州大地

恩施土家族苗族自治州是湖北省唯一一个民族自治州，也是中华人民共和国最年轻的自治州。恩施州现辖恩施、利川二市以及建始、巴东、宣恩、咸丰、来凤、鹤峰六县，八县市均存有丰富的红色文化遗迹。恩施境内的土家、苗、侗、回、蒙古、白、汉等各族人民共同创造了恩施的历

① 陈文俊，湖北民族大学马克思主义学院讲师。

史，为维护民族团结、祖国统一做出了巨大贡献，共同产生和形成了独具地域色彩和民族特色的红色文化。

恩施州虽地处西南，境内以山地为主，交通并不便利，但在第一次国内革命战争期间就有大量恩施籍的中共党员接受党组织的安排，返乡开展革命活动，取得了巨大的成果和深远的影响，使得恩施地区和人民在整个中国革命史中始终没有缺席且发挥了重大作用，恩施亦成为著名的红色之都。

1. 中央指示，使命必达

1921年7月，董必武、陈潭秋作为湖北代表参加了中国共产党第一次全国代表大会。1925年1月，党的四大在上海召开，党的四大进一步规定了国共合作和工农联盟的方针。五卅运动发生后，中国共产党武汉区委领导人董必武、陈潭秋做出指示，要“将反帝运动扩大到农村中去”。随着湖北地区马克思主义的广泛传播和共产党组织的建立和发展，革命的思想也被先进的知识分子们传播到恩施。董必武曾两次踏足恩施指导革命工作，恩施地区早期党组织的创建、恢复和发展都得到了董老的直接领导。恩施地区涌现出一大批年轻的共产党员，他们遵照中央指示，在家乡创建党的组织，领导革命群众进行革命活动，获得人民的拥护和支持，为党的事业做出了重要贡献。

2. 恩施首位共产党员——聂维桢

建始人聂冬青（聂维桢）是鄂西地区的第一位共产党员。五四运动期间，他参加了恽代英领导的武汉学生的爱国运动，并于1924年，在李大钊的影响和介绍下，加入了中国共产党。1926年8月，聂维桢接受董必武、陈潭秋委派，回到家乡建始开展农民运动。1927年2月，聂维桢创建了中共建始县支部。一方面通过开办培训班，大力传播马克思主义，发展了一大批共产党员；另一方面积极组织武装暴动，与当地的军阀、恶霸、土匪、国民党等反动势力进行斗争。

3. 张昌岐等领导农民自卫军

1926年秋，共产党员张昌岐、刘岳生也回到家乡来凤，从事工农革命运动。张昌岐等组织了来凤板沙界农民武装起义，是鄂西历史上的首次起义，董必武、陈潭秋等人闻讯，给予了高度评价。大革命失败后，来凤地区的反动势力卷土重来，张昌岐、吴郅堂、吴玉林、吴孝烈、李子元等共产党员遭到残忍杀害。

4. 恩施各县纷纷创建党支部

1927年2月，咸丰籍共产党员黄兴武、叶达仁回到咸丰发展党组织，先后建立了咸丰县党支部、农民协会、妇女协会，并开展农民运动，赶跑反动县长，肃清土豪劣绅，建立廉洁政府。

同年春，共产党员陈子杰在鹤峰开展革命活动。蒋介石“四一二”反革命政变后，陈子杰受到通缉，党组织委派鹤峰籍党员徐锡如回到鹤峰接替陈子杰秘密开展工作。徐锡如在城南水寨鹤鸣书院秘密开办共产主义训练班，大力宣传党的思想、路线和主张，向青年学生讲授《共产党宣言》和新三民主义，吸收了吴琛、田春甫、范松之等优秀人才加入中国共产党，并建立了鹤峰县第一个党的组织——中共鹤峰县支部。汪精卫“七一五”反革命政变后，党在施鹤地区成立中共施鹤部委，于1928年春组织龙潭司暴动，因敌我实力悬殊而失败。

此外，巴东籍共产党员黄大鹏、张华甫、廖景坤等在巴东秘密开展党的工作。黄大鹏及其兄黄大祯还领导了巴东反“复验红契”斗争并取得胜利。利川籍共产党员刘子壮、潘季川等在利川开展革命工作。共产党员匡超然、段炳麟、李祖锡等在宣恩开展党务工作，建立宣恩县党部及农会。来凤籍共产党员胡楚藩在恩施组建十三中学“学生自治会”，号召民众联合起来，支持北伐战争，反对帝国主义的侵略和封建军阀的统治，实行“联俄、联共、扶助农工”的三大政策。

大革命的烽火点燃了恩施人民的革命热情，中国共产党为恩施人民指明了前进的方向。无数来到恩施以及恩施当地的共产党人，将星星之火撒入恩施大地，带来了恩施地区的革命高潮，也奠定了恩施土壤的红色基因。

二、湘鄂边的历史蜕变

恩施州红色文化底蕴深厚，在这方红色沃土上，诞生了四块革命根据地。

1.湘鄂边革命根据地的创建

1927年8月1日，周恩来、贺龙等领导了南昌起义，中国共产党人开始独立领导自己的武装力量反抗国民党的反动统治，也成为人民军队开始创建的标志。但由于客观上敌我力量相差悬殊，南昌起义的队伍被迫分散。经党中央批准，贺龙、周逸群等于12月回到湘鄂西，组建中共湘西北特委。1928年初，贺龙、周逸群在两湖地区发动年关暴动和湘鄂边起义，先后开辟了湘鄂边根据地和洪湖根据地，并创建了红四军和红六军。湘鄂边革命根据地，是以湖北鹤峰、湖南桑植为中心，包括五峰、长阳、松滋、恩施、建始、宣恩、巴东、石门等县的大部分或一部分地区。[①]

2.巴归兴革命根据地的创建

同一时期，黄大兴、张华甫等创建了巴归兴革命根据地。巴归兴根据地，是以巴东甘坪为中心，由巴东、秭归、兴山三县组成的区域。1928年9月，中共鄂西特委在宜昌召开了第一次党代会，总结了巴东暴动的经验教训，主要是未能采取游击战术。1928年9月下旬，鄂西特委召开扩大会议，决定以兴山为据点，开辟巴兴归革命根据地。11月，中共巴兴归县委员会成立，张华甫任书记，刘子和任组织委员。此后，巴东的党组织得到迅速发展，至1929年5月，巴东县境内党员达到200余人，并创建了共青团、妇女会、少先队及农民协会等革命组织。12月，成立中国工农革命军鄂西游击大队，巴兴归地区有了一支完全听党指挥的人民军队。1930年5月，县委召开扩大会议，在甘坪龙潭寺成立巴兴归县人民革命委员会，后改称为巴兴归苏维埃政府。至此，巴兴归革命根据地得以正式形成。[②]

3.湘鄂西革命根据地的形成

1930年夏，贺龙率领红四军东下洪湖，与驻扎在公安的红六军顺利会师，两军组成红二军团，贺龙任总指挥，周逸群任政委，湘鄂边、洪湖两个革命根据地随之连成一片，加上鄂西北、鄂北、巴兴归、荆当远、枝

---

① 王跃飞:《湘鄂西与湘鄂川黔革命根据地研究》，西宁：青海人民出版社，2005年，第30页。

② 中共恩施州委党史办公室编著:《恩施地区革命斗争史》，武汉：湖北人民出版社，1996年，第227-228页。

宜、洞庭湖特区等红色区域，逐渐发展为湘鄂西革命根据地。10月，成立湘鄂西苏维埃联县政府。1931年12月，成立湘鄂西省苏维埃政府，湘鄂西苏区正式形成。鼎盛时期的湘鄂西革命根据地涵盖58个县市，面积4万平方公里，人口370余万，红军发展到3万余人。湘鄂西革命根据地是大革命失败之后，中国共产党所开辟的三大革命根据地之一，也是全国十二大革命根据地之一，还是三大主力红军的发源地之一，在第二次国内革命战争中发挥了巨大作用，创造了中国革命辉煌的历史篇章。1932年秋，由于王明“左”倾冒险主义的错误领导，红军未能粉碎国民党军对湘鄂西根据地的“围剿”，导致湘鄂西苏区全部丧失，红军被迫撤离湘鄂西，转至黔东地区继续坚持斗争。

4.湘鄂川黔革命根据地的历史功绩

1934年7月，贺龙、关向应等率领红三军开创黔东革命根据地。10月，任弼时、萧克、王震等率领红六军团到达贵州印江木黄镇，与贺龙、关向应顺利会师。11月，成立了湘鄂川黔省苏维埃政府，贺龙任主席，夏曦、朱长清任副主席；并成立湘鄂川黔军区，贺龙任司令员，任弼时任政委，湘鄂川黔革命根据地正式形成。湘鄂川黔革命根据地横跨四省，涵盖30余县，人口逾百万，红军发展到2万余人。湘鄂川黔革命根据地在中国革命历史上具有特殊意义，既是中央红军长征的首选目的地，也是红军长征的最后出发地。这一时期，红二、六军团在恩施地区取得了咸丰忠堡大捷和宣恩板栗园大捷，成为中国人民解放军战争史上的重要战例。

5.“有贺不倒，无段不胜”

恩施州这片红色故土，不仅孕育出贺龙、段德昌、周逸群、任弼时、关向应等众多党的优秀领导人以及中国革命和人民军队的创建者，而且涌现出一大批地方革命精英，他们舍生忘死、投身革命，带领着恩施人民反抗压迫，取得了辉煌的革命成就。在湘鄂西，流传着“有贺不倒，无段不胜”的民谚，说的是贺龙将军是红军在湘鄂西地区的一面旗帜，贺龙在，湘鄂西地区的革命事业就在，而被授予共和国“第一号烈士”称号的段德昌则是老百姓眼中的“常胜将军”，他具有卓越的军事才华，尤其擅长打游击战。段德昌和周逸群等通过斗争实践，总结出“敌来我飞，敌去我归，人多则跑，人少则搞”的游击战术，与毛主席、朱德在井冈山提出的“敌进我退，敌驻我扰，敌疲我打，敌退我追”的游击战术有异曲同工之妙。[①]

6.恩施各民族革命者不畏生死、保家卫国

此外，恩施各民族的仁人志士们，为中国革命奉献出鲜血与生命。利川县土家族人周念民在利川组织游击队，带领老百姓抗捐抗税、反抗国民党反动统治。鹤峰县土家族人陈年振、陈宗瑜父子，组织自卫武装，带领民众反抗贪官污吏。鹤峰县云南庄范氏五兄弟（范松之、范辉强、范辉元、范辉久、范辉国），出身贫苦，跟着贺龙参加革命，先后为革命壮烈牺牲，被老百姓称为“范家五虎”，赞颂为“满门英烈”。宣恩县苗族青年杨清轩，脱离地主家庭投身革命，作战英勇，后遭叛徒出卖而牺牲。

土地革命战争时期，湘鄂边、巴兴归、湘鄂西、湘鄂川黔四大革命根据地均发端或涵盖恩施地区，恩施州是四大革命老区的重要组成部分。恩施境内先后建立联县苏维埃政府1个、县苏维埃政府7个、近300个区乡苏维埃政权，苏区及主要游击区面积占到全区总面积的40%以上，恩施地区参加革命的青壮年达9万余人，为革命牺牲的达1.2万余人。[②]1930年至1931年，在湘鄂西革命根据地反“围剿”斗争中，仅鹤峰一县就有3万余人参加革命，为革命牺牲的就有3000多人，彼时鹤峰县城人口不足6万人。[③]充分显示了恩施人民向往革命、不惧生死的大无畏精神。可以说，恩施人民为土地革命战争书写了璀璨的篇章，这一时期也成为恩施民主革命史上最为绚烂的历史。

三、湖北抗战的大后方

1937年七七事变后，抗日战争全面爆发，在中国共产党的倡导与推动下，湖北地区的抗日救亡运动日益高涨，逐渐形成以国共合作为基础的

---

① 邱少平：《一代帅才段德昌》，《党史纵横》2013年第9期。

② 倪妮、何蓉：《乡村振兴背景下民族地区红色文化资源开发路径研究——基于恩施土家族苗族自治州的调查分析》，《党史博采》2020年第6期。

③ 本卷编委会编：《中国西部开发信息百科·湖北恩施卷》，武汉：湖北科学技术出版社，2003年，第264-265页。

抗日民族统一战线。为了支持和推动国民党抗战，中共中央派出大批干部抵达武汉，成立中共中央长江局、八路军武汉办事处等领导机构，开展抗日工作。1937年12月日军占领南京，国民党中央及其政府大部分机关撤至武汉。武汉成为全国抗战的中心。[①]

1.危难关头、勇担重任

1938年6月至10月，国民党组织武汉会战失利，武汉及周边20余座县城相继失守，国民党军全线溃败，湖北的大部分农村地区沦为敌人的后方，中国共产党在湖北开展敌后抗日游击战争。国民党军队将战线西移，与日军进行了随枣会战、枣宜会战、反攻宜昌战役及鄂西会战。地处鄂西南的恩施，在抗日战争时期成为湖北省政府的临时省会，也是正面战场第六战区的指挥中心。

如果说重庆等西部地区是全国抗战的大后方，那么恩施即为湖北抗战的大后方。恩施作为湖北省临时省会期间，日寇对恩施、来凤县城进行了多次空袭和轰炸。1937年12月25日，日寇飞机第一次袭击恩施县城。直至1945年8月抗战胜利，日寇总共27次轰炸恩施县城，出动飞机228架，投弹600余枚，炸死153人。侵略者的残暴吓不倒恩施人民，抗战期间，10万恩施人从军、61万人充任民夫，坚定守护西南大后方，为抗战做出了巨大的牺牲与不可磨灭的贡献。

2.恩施儿女，不惧生死

为了加强鄂西地区的抗战力量，1938年5月，中共湖北省委委派雍文涛等来到恩施，建立党组织、发展党员、支援抗战。此后，又派遣100多名中共党员来到恩施，一方面通过开办识字班、夜校、读书会，大力宣传抗日救亡思想，另一方面深入工农群众中，积极组织工农运动，壮大了党的力量。1940年8月中共鄂西特委在恩施成立。鄂西特委由中共中央南方局直接领导，是彼时湖北省领导机关。鄂西特委成立后，鄂西地方党组织得以迅速发展，下辖11县，仅本州内即有6个县委，22个区委，73个支

① 刘宗武：《湖北新民主革命史·抗日战争时期卷》，武汉：华中师范大学出版社，2008年，第1页。

部，有党员1500多人。[①]在鄂西特委的领导下，恩施地区的地下党员和抗日群众进行了艰苦卓绝的斗争。皖南事变发生后，面对国民党的反共浪潮，鄂西特委遭到严重破坏，鄂西特委书记何彬（何功伟）、妇女部长刘一清（刘惠馨）因叛徒出卖而被捕，后于恩施方家坝英勇就义。此外，抗日名将叶挺于1942年、1944年两度被软禁于恩施，但他始终不为高官厚禄所动，不为威逼利诱所吓，屡次拒绝国民党的劝降，坚定站在中国共产党和中国人民的一边。无论是叶挺，还是何功伟、刘惠馨，他们都秉持共产主义信仰，坚持抗战到底，表现出共产党人不畏生死的坚强决心和高尚品质。

四、解放恩施是鄂西南战役胜利的关键之举

解放战争时期，中共鄂西地下党组织领导了各县的武装游击战争。

1.一支奇兵——江南游击纵队

1947年春，为了配合人民解放军对国民党军的正面反攻，一支由张才千、李人林、王定烈领导的军队在鄂西组建，这支部队就是江南游击纵队。江南游击纵队得到了恩施人民的广泛支援，纵横湘鄂大地，横扫巴东、建始、鹤峰、来凤、宣恩、恩施、咸丰各县，袭击了国民党72个乡公所和32支乡保武装力量，取得了鹤峰左角寺、鹤峰曾家岭、建始官店口、恩施石窑等重要战役的胜利。[②]据王定烈将军回忆，这支部队转战湘鄂边17个县，行程3500里，作战200余次，歼敌3000余人，缴获步马枪3000余支，轻重机枪300余挺，牵制了4个旅的敌人，延缓了敌军调入其他战场的时间。人民解放军江南纵队的声威，震撼了湘鄂大地。[③]这一切为解放鄂西全境奠定了基础。

---

① 中共恩施州委党史办公室编著:《恩施地区革命斗争史》，武汉：湖北人民出版社，1996年，第7页。

② 中共恩施州委党史办公室编著:《恩施地区革命斗争史》，武汉：湖北人民出版社，1996年，第8页。

③ 周世祥、叶厚全主编:《五峰革命斗争史料汇编》，五峰土家族自治县老区建设促进会、五峰土家族自治县史志办公室，2010年，第266页。

2.打响鄂西南战役

1949年10月，以第四野战军第十三兵团为主力的人民解放军在取得宜（宜昌）沙（沙市）战役胜利之后，为配合二野主力进军四川，决定对盘踞在鄂西境内的宋希濂集团发动攻击，史称“鄂西南战役”。[①]战略上，解放鄂西南是人民解放军进军大西南，解放四川、云南、贵州等省的先声，事关全国解放战争胜利的大局。而解放鄂西南的关键在恩施，鄂西南战役即是以恩施为中心打响的。恩施境内绝大部分是山地，地形复杂，历来又是汉族、土家族、苗族、侗族、瑶族等多民族聚居之地；同时，盘踞在恩施之敌是国民党宋希濂集团主力，8个正规军，共计11万余人，且在川湘鄂边区构筑新的防线。特殊的地形、民族状况，以及敌人的强悍，使得解放恩施的斗争异常复杂、难度极大。

11月2日，人民解放军湖北省军区成立了以第一副司令员王宏坤、参谋长张才千为首的鄂西南战役指挥所，率领独一、独二师和五十军，配合第二、第四野战军发起进攻，三方面军兵力共计20余万人。在恩施巴东县绿葱坡镇北界村境内的娃娃寨，打响了鄂西南战役的第一枪，鄂西南战役首战告捷。

3.恩施解放的重大意义

娃娃寨战役获胜后，独一师1团又取得了巴东绿葱坡战役的重大胜利，于11月3日解放了巴东县城。11月5日，解放建始县城；11月6日，经龙凤坝阻击战，解放恩施县城；11月9日，解放来凤县城；11月10日，宣恩县城解放；11月11日，咸丰县城解放。11月14日，人民解放军取得麻阳寨、沙道沟歼灭战的重大胜利，当日，利川县城解放。又经鹤峰打伙场战斗，11月18日，鹤峰县城解放。鹤峰的解放，标志着湖北全境获得解放，也标志着鄂西南战役的全面胜利。鄂西南战役历时半月有余，歼灭宋希濂集团主力1.5万余人及地方反动武装1万余人。

解放恩施意义重大。首先，恩施是解放湖北的最后一站。1949年10月1日，中华人民共和国宣告成立，但全国范围内的解放战争尚未结束，

① 白夜、柳丽：《鄂西南战役：湖北境内大规模军事行动结束》，《档案记忆》2019年第11期。

湖北并未获得全境解放。人民解放军解放湖北的战斗，总体路线是由北向南，再由东向西。1947年10月16日，郧西解放，成为湖北境内解放的第一个县城。1948年，人民解放军发动襄樊战役，襄樊解放。1949年4月，第四野战军主力南下，5月发动汉浔间渡江战役。5月16日，武汉解放。7月，人民解放军涉水进入宜昌、沙市等地，解放江陵至宜昌（包括湖南常德）沿江地区。8月，兴山、秭归获得解放。11月，鄂西南战役获得全胜，湖北境内大规模军事行动宣告结束，湖北实现全境解放。其次，恩施的解放为人民解放军进入四川扫清了障碍。宋希濂部在蒋介石、胡宗南的指示下，将主力集中于巴东、野三关、马宗岭、鹤峰、龙山、巫山、建始、恩施、咸丰等山岳地带，组成由东北向西南宽约250公里、纵深约100公里的防御地带，以便北与孙震的川东绥署、南与何绍周十九兵团的“黔东防线”相连接，企图利用鄂西、川东天险屏障四川。[①]恩施的解放彻底打破了国民党的这一图谋，为中国人民解放军解放四川、贵州等省提供了条件。

在解放恩施的战斗中，人民解放军和恩施地区的人民群众付出了巨大的牺牲。例如在鹤峰左角寺战役中壮烈牺牲的解放军三烈士，在鹤峰打伙场战斗中牺牲的侦察排长杨定琪等。为了迎接革命的胜利，无数革命者将鲜血洒在恩施的大地上，大多没有留下姓名，但他们的革命精神永存，恩施人民世代铭记英雄的丰功伟绩。

五、凝心聚力孕育革命精神

湘鄂西、湘鄂川黔革命根据地，在党的十一届六中全会审议通过的《关于建国以来党的若干历史问题的决议》中，分别被认定为全国十二大革命根据地之一。据不完全统计，恩施全域总计20多万人投身革命事业，有2万余名恩施儿女参加红军和游击队，数万人献出了宝贵的生命。在中国共产党和中国人民的革命史上，恩施各族人民留下了浓墨重彩的一笔，

① 白夜、柳丽：《鄂西南战役：湖北境内大规模军事行动结束》，《档案记忆》2019年第11期。

全州八个县市均被认定为革命老区，全区革命遗址遗迹多达917处。中华人民共和国成立后授衔的将帅中，有149位曾在恩施战斗过。大革命失败后，张昌岐等烈士长眠于此；土地革命战争中，贺龙领导的红军成为三大主力之一，而他的姐姐贺英、同志段德昌、王炳南等则埋骨于此；抗日战争时期，何功伟、刘惠馨等烈士将忠骨留于恩施；解放战争中，无数无名英雄用青春和热血浇灌了恩施大地。斯人已逝，精神永存，革命先烈们用生命与鲜血凝聚的革命精神永世流传，激励着一代又一代人奋力前行。

恩施州推动各民族共同走向社会主义现代化研究

恩施州建设全国“两山”实践创新示范区的实践路径与政策建议

谭贤楚[1]

恩施州要实现经济社会高质量发展，就必须践行“两山论”，牢固树立“绿水青山就是金山银山”理念，加强生态文明建设，转变经济发展方式，走绿色可持续发展之路。以此为基础，恩施州提出了“完善林业经济体系、着力发展生态产业、以绿色发展引领城乡建设”等创建全国“两山”实践创新示范区建设的实践路径，进而提出了“推进产业生态化、打通‘两山’转化通道、推进‘六个恩施’建设、用法治为绿色发展保驾护航”等政策建议。

关键词：恩施州；“两山”实践；创新示范区；高质量发展；实践路径

党的二十大报告明确指出，“必须牢固树立和践行绿水青山就是金山银山的理念，站在人与自然和谐共生的高度谋划发展”[2]，彰显了“两山论”的时代价值与实践意义。“两山论”是习近平总书记2005年在浙江余村调研时，提出的“绿水青山就是金山银山”的发展理念与理论观点，是习近平生态文明思想的核心内容和逻辑要求，科学揭示了“经济发展与生态保护”对

---

① 谭贤楚，湖北民族大学民族学与社会学学院教授。

② 习近平：《高举中国特色社会主义伟大旗帜 为全面建设社会主义现代化国家而团结奋斗——在中国共产党第二十次全国代表大会上的报告》，新华社2022年10月25日。

立统一的辩证关系，创造性继承了马克思主义生态历史观，是习近平新时代中国特色社会主义思想的重要组成部分，已成为中国共产党治国理政的重要理念。因此，恩施州要实现其高质量发展，就必须践行“两山论”，牢固树立“绿水青山就是金山银山”理念，加强生态文明建设，转变经济发展方式，走绿色可持续发展之路。

一、调研目的和方法

（一）调研目的

在践行“乡村振兴”战略的现实背景下，深入认识和准确把握恩施州“两山论”绿色实践的基本状况，揭示其带有普遍性的有效做法，分析有效转化的实践路径，以为湖北民族地区乃至湖北省“两山论”有效转化，努力在全国率先建设成为“新发展格局”的先行区和示范区，提供相应政策建议。

（二）调研方法

基于恩施州等民族地区不平衡、不充分发展依然存在的客观现实，从民族学与社会学等学科综合视角，根据“分层抽样”原则进行多阶段随机抽样，采取问卷调查、深度访谈与归纳等方法，本文对恩施州“两山论”绿色实践的思路与对策建议，进行了广泛调研与深入思考，发放调查问卷390份，回收有效调查问卷316份，问卷回收率约为81%。

二、恩施州建设全国“两山”实践创新示范区的基本路径

整体而言，恩施州建设全国“两山”实践创新示范区大有可为。其拥有十分广大的林地面积，森林覆盖率比较高，秉承“绿水青山就是金山银山”的理念，基于“生态化”原则，在实现“绿水青山‘变’金山银山”

的过程中，林业、生态农业与旅游业是践行“两山论”的主要阵地①。

（一）完善林业经济体系

恩施州的林业经济本身具有复杂性与多样性等基本特点，逐步完善其林业经济体系，合理地利用林业资源，大力发展多层次、多维度的新时代林业经济及其体系。

1.优化生态建设，提升生态效应

以“生态优先与绿色发展”为逻辑起点，通过“资源保护、生态修复与林业品牌”等重要举措，高标准高质量推进国土的精准绿化，有效推进国有林场的综合改革，开展现代化的国有林场示范试点建设，着力打造绿色林业产品，大力发展绿色产业和循环经济，以谋求林业经济的综合社会经济生态效应。

2.发展特色产业，优化产业集群

现代社会经济发展实践表明，特色产业集群是现代性产业发展的重要组织形式，是拉动区域经济发展的重要引擎。因此，进入新发展阶段，就一定要围绕“绿色低碳”，着眼于高质量发展，真正践行“两山论”，就要依托长江等特色区域的特色种养殖业发展，大力发展特色产业，推动经济向多层次、集群化方向发展，高质量发展绿色特色产业集群，实现“一二三”产业的生态化融合发展。

在现代特色产业的发展中，立足恩施州绿色经济和特色产业，有如下选择：一是在药材、养蜂、茶叶与食用菌种植等领域，推进绿色产业的特色化和规模化发展，培育形成区域品牌影响力；二是立足特色绿色商品发展，完善绿色经济产业链，培育形成区域龙头企业和绿色产业集群；三是依托区域绿色资源，通过“循环经济”打造生态小镇，在绿色生态资源整合开发等方面，积极培育绿色经济市场，以生态县域与集镇的方式积极展开实践。

---

① 谭贤楚：《“两山论”的转化机制与政策建议》，《中国社会科学报》2022年3月23日。

3. 创新体制机制，谋求林下经济发展

以“改革创新体制机制”为抓手，借助林权制度改革机遇，以生态文明制度建设为突破口，大力发展林下经济，从制度层面推进“两山论”的实践，以探索“深化生态文明体制变革，形成党委领导、政府负责、社会协同、公众参与与法治保障的综合新型治理体制”，探索“多规合一”的综合改革实践，比如“科学合理地利用民族区域特有的生态环境，适度开发更多的生态产品，大力发展种植、养殖、休闲旅游等林下经济，打造生态绿色食品的重要生产基地”，开创“双碳”背景下的“绿色低碳”发展新格局。

（二）着力发展生态产业

要坚持人与自然和谐共生，走乡村绿色发展之路，发展现代生态产业是恩施州践行“两山论”的必然选择。

1. 大力发展生态农业

恩施州在建设“两山”实践创新示范区的过程中，一定要大力发展生态农业，这是落实“两山论”的重要抓手。它指的是在传统农业的基础上，基于农业产品的现代加工、服务等，大力发展“生态循环农业、观光农业、特色农业以及有机休闲农业”，逐步实现乡村经济“一二三”的现代融合发展。

2. 大力发展生态工业

“生态工业”（Ecological Industry）指的是“运用生态经济学原理，构建的一种实现生态与经济相互协调的生态经济效益型的现代工业发展模式”。恩施州在推进全国“两山”实践创新示范区建设过程中，在大力发展生态工业时，一定要转变经济发展方式和增长方式，找准自己的“特”和生态化路径，着眼于“富硒”等特色，打“特色与生态”牌，比如开发“富硒”系列产品。

3. 大力发展生态旅游

生态旅游业基于特有的文化特性和其固有的良好生命力和综合社会效

应，其研究成为“两山论”实践的重要突破口，是谋求发展生态经济的重要抓手。客观地讲，恩施州全国“两山”实践创新示范区建设的旅游资源十分丰厚，气候宜人，自然风光秀丽独特，民族文化多样，生物多样性丰富，非常适合发展生态旅游。因此，拥有良好生态优势的恩施州，要大力发展生态旅游业，就要树立全域旅游的理念，找准方向、创造条件把生态优势转化为生态旅游等新业态，逐步构建全域旅游新格局，这是转变经济发展方式和生活方式的重要举措。

（三）以绿色发展引领城乡建设

恩施州全国“两山”实践创新示范区建设是一项系统工程，一定要坚定不移地贯彻“新发展理念”，以“两山论”为指导，“走绿色发展之路”，加快推动绿色低碳发展，以“绿色发展”理念引领经济社会发展，构建“工农互促、城乡互补、共同繁荣的新型工农城乡关系”。

1.着力推进生态城市建设

世界城市发展历程表明：生态城市是未来城市发展的基本方向，它倡导城市在现代性的发展过程中，运用教育、制度与科技等全方位、多层次的措施，培养生态意识及其价值观，逐步实现城市建设与生态系统的协调发展、良性循环，进而实现城市社会经济效益与生态环境效益的辩证统一。可见，恩施州在全国“两山”实践创新示范区建设的进程中，就要大力建设生态城市，增强其生态服务功能，是新时期面临的时代要求与内在逻辑。因此，包括恩施州在内的民族地区要着力创建“生态城市”，就要准确把握城市建设绿色发展中的不足和“短板”，以“绿化工程”建设为抓手，统筹推进城市水环境治理，加快推进城市生态化建设，着力解决城市建设绿色发展中的不平衡、不充分问题，让生态更好地服务于城市的经济社会发展，以实现城市的绿色发展、低碳发展与循环发展。

2.以绿色发展引领乡村振兴

对乡村振兴而言，当务之急是“全面贯彻践行绿色发展理念，以绿色发展引领乡村振兴，大力发展绿色产品等新业态”，着眼于“生态产业链”，有效培育乡村生态产业集群，大力发展绿色经济，以形成绿色发展的新动能。比如，生态农业要打好“绿色牌”和“富硒牌”，大力发展绿色、有机优质农产品；生态服务业要着力做好“生态+”这篇大文章，积极发展“乡村旅游、休闲养生”等绿色产业，把生态优势利用好、发挥好、转化好。

三、恩施州建设全国“两山”实践创新示范区的政策建议

（一）形成共识提升整体合力

在共识基础上提高认识，统一思想，牢固树立“两山论”的绿色实践理念，大力发展绿色产业，进一步优化产业结构。

适应“两山”示范区和中国式现代化建设，成立“两山论”转化的相应工作机构，积极加强组织领导，科学规划，市场导引，合理布局，明确发展目标，落实工作责任，形成并健全一抓到底的工作机制。

转变思想观念、生产方式和发展方式，科学谋划和决策，积极投身到产业结构调整中来，形成发展绿色产业的整体合力。

（二）着力发展绿色生态产业

1.有效推进“产业生态化”

恩施州在推进全国“两山”实践创新示范区建设的过程中，要秉承“绿色发展”理念，遵循“一产利用生态、二产服从生态、三产保护生态”原则，以“生态+”为重要抓手，探索构建“科技含量高、经济效益好、资源消耗低与环境污染少”的产业结构及其生产方式，以构建现代化的绿色产业体系。

2.有效推进“生态产业化”

要在生态保护和生态文明建设过程中，培育生态产业，并与生态城市建设和乡村振兴紧密地有机结合起来，围绕“绿色”发展，精心谋划并大力发展“种养殖业、经济林业、林下经济、森林旅游和乡村旅游”等生态产业，着力推进“观光农业、休闲农业、生态农业以及文创农业”等新业

态建设，把“生态优势”转化为生态农业和旅游等生态经济的优势，积极探索生态产品价值的实现机制，把“绿水青山”所蕴含的生态价值转化为“金山银山”。

3.创建“两山”实践基地

科学把握“两山论”，梳理总结已开展的“两山”转化路径，探索评估“两山”实践工作取得的经验与成效，积极探索“两山论”转化的实践模式，依据州内区域各自的自然禀赋与生态资源，持续创建“两山”实践的创新基地。

（三）探索打通“两山”转化通道

恩施州要围绕创新示范区建设，基于因地制宜原则，通过实施“绿色发展差异化”战略，探索打通“两山”转化路径和通道，走出一条生态与经济相辅相成、相得益彰的新路子：一是通过创新体制机制，构建政府主导的政策调控机制；二是完善相应法规，逐步探索实践“多规合一”，以严格的制度与严密的法治，有效推进生态产品价值实现和价值增值；三是积极探索实践市场交易机制，有序促进生态资本转向“社会化、市场化”，构建生态资本市场，有效培育生态产品的市场交易体系，以提高生态资源的社会化与市场化程度。

（四）实行生态环境指标一票否决制

通过实施“绿色新政”，大力发展循环经济，推进重点行业与重要领域的绿色化改造，支持绿色技术创新，强化废旧物资的循环利用，着力打造武陵山绿色技术的创新引领区，推进国家级资源综合利用的创新示范基地建设，建立绿色政绩考核体系，把环境事故作为重要的考核考评依据，实行“生态环境指标”一票否决制，比如在项目审批阶段，对不符合“绿色发展”和《省、州经济社会发展“十四五”规划》要求的开发行为，予以否决；在区域内相关评优创建活动中，对不重视生态环境建设的予以一票否决等。

（五）着力推进“六个恩施”建设

突出“新发展理念”的引领作用，大力推进“六个恩施建设——绿色、创新、法治、富强、幸福与共享”。其中：建设绿色示范区，主要是继续探索推动生态价值转化，积极创建绿色生态大州，完成国家生态文明建设示范区建设；建设创新民族示范区，就是必须把方式创新、服务创新、体制创新和科技创新作为绿色发展的动力之本、发展之源；建设法治示范区，主要是运用法治思维，让权力在阳光下运行，达到“法治小康”水平；建设民族富强示范区，重在“四化”（生态化、现代化、数字化和法治化）协调发展，打造绿色生态经济发展强州、强县；建设幸福民族示范区，重在积极为各民族人民的美好生活需要创造条件，建设平安幸福家园；建设共享民族示范区，主要是以生态环境建设为契机，积极推进环境建设，构建恩施州全国“两山”实践创新示范区建设及其“双循环”发展的新格局，开创人、社会与自然和谐共生的新境界。

（六）用法治为绿色发展保驾护航

认真践行“两山论”，须从法治角度探索实践入手，用法治为恩施州绿色健康现代发展保驾护航：一是依法依规对绿色产业及相关项目的实施进行监督和引导；二是将“两山论”的成果以法律的形式固化下来，再用法律制度规范并推进“两山论”，恩施州全国“两山”实践创新示范区建设才能走出一条生态环境“高颜值”、经济发展“高质量”的新路子，打开发展新格局。

恩施州生态系统生产总值（GEP）核算体系构建研究

张新平　游　宇①

生态系统生产总值（GEP）核算对于定量研究生态系统给予人类贡献具有重要意义，同时也是助力“两山”价值转换的重要工具。本文结合恩施州实际生态系统结构及生态价值实现的基本现状，构建了恩施州的GEP核算指标体系。具体分为产品提供价值、调节服务价值、文化旅游价值三大类，共计14项指标。针对评价体系阐明了生态系统功能量与价值量的具体指标与测算方法，为恩施州生态系统生产总值的核算提供理论基础和方法，为恩施州正确认识和使用自然资本奠定了理论基础，同时也为恩施州生态价值转换提供了理论依据和数据支撑。

关键词： 恩施州；GEP；指标体系；计算方法

人类的生存与发展总是处在由生态系统、社会系统与经济系统组合而成的三维复合系统之中，其中生态系统为人类福祉和经济社会可持续发展提供最终产品与服务。因此，生态系统生产总值（GEP）（以下简称GEP）核算的就是最终产品与服务的价值总和。GEP（Gross Ecosystem Product），即生态系统生产总值，是由世界自然保护联盟（IUCN）提出并倡导的核算生态系统总产值的一个指标。其主要目的是建立一套能够与

---

① 张新平，湖北民族大学经济与管理学院院长，教授；游宇，湖北民族大学经济与管理学院讲师。

现有国民经济核算体系（SNA）主要核算指标国内生产总值（GDP）相对应、能够衡量生态系统对人类贡献大小的指标体系①。GEP是对传统GDP核算缺陷的重要补充，是推动人类走生态文明之路，实现人类可持续发展的重要依据和基础性保障。“GEP+GDP”的双增长是践行“绿水青山就是金山银山”理念，努力实现我国生态文明建设的方法论。

2021年4月，中共中央办公厅、国务院办公厅印发《关于建立健全生态产品价值实现机制的意见》，明确提出“在总结各地价值核算实践基础上，探索制定生态产品价值核算规范”与“鼓励采取多样化模式和路径，科学合理推动生态产品价值实现”。目前区域GEP核算的研究成果丰富，生态环境部和浙江省、贵州省、江西省以及深圳市、南京市、黄山市、抚州市等地也已经出台了GEP核算技术指南或规范。恩施州州长夏锡璠在2023年恩施州人民政府工作报告中亦指出，要巩固生态优势，加快推进“两山”转化。其中在推动生态价值转化当中，要积极开展生态产品信息普查和GEP核算。本研究基于恩施州实际生态系统结构及生态价值实现的基本现状，围绕恩施州GEP核算开展生态产品价值核算体系构建，以期为恩施州，乃至同类地区因地制宜认真开展GEP核算，推进生态产品价值转化，实现绿色转型提供科学参考。

一、恩施州GEP核算体系指标选取与构建

根据恩施州的自然生态与环境系统的特征，总结出主要的生态服务功能，再通过文献梳理并结合恩施州实际生态系统结构及生态价值实现的基本现状，选取恩施州GEP核算所需要的指标。具体包括产品提供价值、调节服务价值和文化旅游价值。其中产品提供价值包括农、林、牧、渔产品提供价值以及水资源价值和其他价值等；调节服务价值包括土壤保持、水源涵养、固碳释氧、大气净化、水质净化、气候调节等功能价值；文化旅游价值主要指旅游人群在该区域范围内的消费价格总和。

---

① 欧阳志云、朱春全等：《生态系统生产总值核算：概念、核算方法与案例研究》，《生态学报》2013年第21期。

如前所述，恩施州的GEP核算指标体系由三大一级指标构成，其分别是产品提供、调节服务和文化旅游，其中产品提供分为农、林、牧、渔、水、能源6项二级指标；调节服务分为水源涵养、土壤保持、洪水调蓄、固碳释氧、大气净化、水质净化、气候调节7项二级指标；文化旅游主要是生态旅游1项二级指标。整个核算体系分为3项一级指标和15项二级指标，具体如表1所示。

表1　恩施州GEP核算指标体系

<table>
<tr><th>一级指标</th><th>二级指标</th><th>核算科目</th><th>功能量指标</th><th>价值量指标</th></tr>
<tr><td rowspan="16">产品提供</td><td rowspan="7">农业产品</td><td>粮食作物</td><td>粮食作物产量</td><td>粮食作物价值</td></tr>
<tr><td>蔬菜</td><td>蔬菜作物产量</td><td>蔬菜作物价值</td></tr>
<tr><td>烟叶</td><td>烟叶（未加工）产量</td><td>烟草作物价值</td></tr>
<tr><td>油料</td><td>油料作物产量</td><td>油料作物价值</td></tr>
<tr><td rowspan="2">水果、茶叶</td><td>水果作物产量</td><td>水果作物价值</td></tr>
<tr><td>茶叶产量</td><td>茶叶价值</td></tr>
<tr><td>药材</td><td>药材作物产量</td><td>药材作物价值</td></tr>
<tr><td rowspan="2">林业产品</td><td>木材</td><td>木材产量</td><td>木材价值</td></tr>
<tr><td>林下产品</td><td>林下产品产量</td><td>林下产品价值</td></tr>
<tr><td rowspan="4">畜牧业产品</td><td>奶类</td><td>奶类产量</td><td>奶产品价值</td></tr>
<tr><td>禽蛋</td><td>禽蛋产量</td><td>禽蛋价值</td></tr>
<tr><td>禽畜数量</td><td>禽畜出栏量</td><td>禽畜价值</td></tr>
<tr><td>其他（蜂蜜）</td><td>蜂蜜产品</td><td>蜂蜜价值</td></tr>
<tr><td>渔业产品</td><td>淡水产品</td><td>淡水产品产量</td><td>淡水产品价值</td></tr>
<tr><td>水资源</td><td>水资源</td><td>水量</td><td>水价值</td></tr>
<tr><td>生态能源</td><td>生物质燃料</td><td>生态能源量</td><td>生态能源价值</td></tr>
<tr><td rowspan="3">调节服务</td><td colspan="2">水源涵养</td><td>水源涵养总量</td><td>水源涵养价值</td></tr>
<tr><td colspan="2" rowspan="2">土壤保持</td><td>减少泥沙淤积量</td><td>减少泥沙淤积价值</td></tr>
<tr><td>减少面源污染量</td><td>减少面源污染价值</td></tr>
</table>

续表

一级指标	二级指标	核算科目	功能量指标	价值量指标
调节服务	洪水调蓄		可调蓄水量	调蓄洪水价值
			防洪库容量	
	固碳释氧		固定碳含量	固碳价值
			释放氧气量	释氧价值
	大气净化		吸收二氧化硫量	净化二氧化硫价值
			吸收氮氧化物量	净化氮氧化物价值
			减少空气中粉尘量	净化粉尘价值
	水质净化		减少水中COD排放量	治理COD耗资
			减少水中氮排放量	治理氮排耗资
			减少水中磷排放量	治理磷排耗资
	气候调节		植物蒸腾消耗能量	降温增湿价值
			水面蒸腾消耗能量	
文化旅游	生态旅游		旅游人数及收入	游憩价值

二、生态功能量的计算方法

（一）产品提供功能量的计算

生态系统产品提供简称产品提供，主要指人们可以从生态中直接获得的各类产品，具体分为六大类，即农业产品、林业产品、畜牧业产品、渔业资源、水资源、生态能源，每个类别中的生态功能量的核算如下。

1.农业产品提供功能量的计算

恩施州农业产品的功能量主要由粮食、油料、烟叶、蔬菜、水果茶叶、药材六部分组成（如表2），具体核算该部分功能量时要按照恩施州统计年鉴提供数据来提取分析。缺少统计年鉴的部分可以依据种植面积和该地区的平均亩产进行估算。其计算公式为：

$$E_{农}=\sum_{i=1}^{n}E_i$$

公式中：

$E_{\text{农}}$为农业产品总产量（t）；

E_i为第i种产品的年产量（t）；

i=1，2，3，…，n；n为第n种农业产品。

表2　农业产品功能量核算表

类别	核算项目	核算内容	核算指标	核算方法
农业产品	粮食作物	谷物类	稻谷、玉米、高粱、小麦、荞麦、其他小杂粮等	年鉴统计数据
		豆类	大豆、绿豆、红小豆、其他豆类	
		薯类	马铃薯、甘薯	
	油料	油料作物类	花生、油菜籽、芝麻、葵花籽	
	烟草	未加工烟草	烟叶	
	药材	中草药	厚朴、黄连、大黄、枸杞、贝母	农业局数据
	蔬菜	叶菜类	芹菜、油菜、菠菜	年鉴统计数据
		白菜类	大白菜	
		根茎类	白萝卜、胡萝卜、生姜、榨菜头	
		瓜果类	黄瓜、南瓜、冬瓜	
		豆类	豇豆、四季豆	
		茄果菜类	茄子、辣椒、西红柿	
		葱蒜类	大葱、蒜头	
		水生菜类	莼菜、莲藕	
	水果、茶叶	瓜果类	西瓜、香瓜、草莓	
		园林水果	红富士苹果、雪花梨、鸭梨、柑橘类、桃、猕猴桃、关口葡萄等	
		茶叶	绿茶、青茶、红茶、黑茶、白茶等	

指标来源：恩施州农业局、恩施州统计年鉴

2.林业产品提供功能量的计算

恩施州林业产品提供功能量主要由木材、竹材采伐和林下产品两大部分构成（如表3所示）。其功能量的计算公式为：

$$E_{林}=\sum_{i=1}^{n}E_i$$

$E_{林}$为林业产品总产量（t）；

E_i为第i种产品的年产量（t）；

i=1，2，3，…，n；n为第n种林业产品。

表3　恩施州林业产品功能量核算表

<table>
<tr><th>类别</th><th>核算项目</th><th>核算内容</th><th>核算指标</th><th>核算方法</th></tr>
<tr><td rowspan="3">林业产品</td><td rowspan="2">木材、竹材采伐</td><td>木材</td><td>村及村以下采伐</td><td rowspan="3">年鉴统计数据</td></tr>
<tr><td>竹材</td><td>楠竹、杂竹</td></tr>
<tr><td>林下产品</td><td>林下产品类</td><td>天然生漆、油桐籽等，棕片、竹笋干、核桃、板栗、松子、八角、花椒、香菇等</td></tr>
</table>

3.畜牧业产品提供功能量的计算

恩施州畜牧业产品提供功能主要由禽畜、奶类和禽蛋产品三大部分构成（如表4所示）。畜牧业产品计算公式为：

$$E_{牧}=\sum_{i=1}^{n}E_i$$

$E_{牧}$为畜牧业产品总产量（t）；

E_i为第i种产品的年产量（t）；

i=1，2，3，…，n；n为第n种畜牧业产品。

表4 恩施州畜牧业产品功能量核算表

类别	核算项目	核算内容	核算指标	核算方法
畜牧业产品	禽畜	禽畜产量	猪、牛、羊	年鉴统计数据
	禽蛋奶	禽蛋类	鸡蛋、鸭蛋等	
		奶类	生牛奶	

4.渔业产品提供功能量的计算

恩施州渔业产品提供功能主要由淡水鱼产品构成（如表5所示）。渔业产品功能量的计算公式为：

$$E_{渔}=\sum_{i=1}^{n}E_i$$

$E_{渔}$为渔业产品总产量（t）；

E_i为第i种产品的年产量（t）；

i=1，2，3，…，n；n为第n种渔业产品。

表5 恩施州渔业产品功能量核算表

类别	核算项目	核算内容	核算指标	核算方法
渔业资源	水产品类	淡水鱼	青鱼、草鱼、鲢鱼等	年鉴统计数据
		虾蟹	小龙虾	

5.水资源提供功能量的计算

恩施州水资源提供功能主要由四部分的用水量构成（如表6所示）。水资源功能量计算公式为：

$$E_{水}=\sum_{i=1}^{n}E_i$$

该公式中：

$E_{水}$为水资源总产量（t）；

E_i为第i种产品的年产量（t）；

i=1，2，3，…，n；n为第n种水资源的用水量。

表6 恩施州水资源功能量核算表

类别	核算项目	核算内容	核算指标	核算方法
水资源	水资源	用水量	农业用水、工业用水、生活用水、生态用水	年鉴统计数据

6.生态能源提供功能量的计算

恩施州生态能源提供功能主要由风能、秸秆、沼气三部分构成（如表7所示）。生态能源功能量计算公式为：

$$E_{能源}=\sum_{i=1}^{n}E_i$$

该公式中：

$E_{能源}$为生态能源产品总产量（t）；

E_i为第i种产品的年产量（t）；

i=1，2，3，…，n；n为第n种生态能源产品。

表7 恩施州生态能源功能量核算表

类别	核算项目	核算内容	核算指标	核算方法
生态能源	生态能源产品	风能	风能发电量	年鉴统计数据
		秸秆	堆积量	
		沼气	沼气量	

（二）调节服务功能量的计算

1.水源涵养功能量的计算

水源涵养主要指的是生态系统中的植被通过植物顶冠、枝干、树叶、落叶堆积层、腐殖层、植物根系和土壤等缓冲、阻拦、滞留、吸收、下渗降水的功能。它可以改善当地水文状况，调节区域水分循环，防治河流、湖泊、水库淤塞，还可以保护水源地的森林灌木，对于调节径流，防止水旱灾害具有重要意义。水源涵养不仅对生态系统本身意义重大，同时也对周边地区提供水源作用重大。

本研究选取年水源涵养量作为生态系统水源涵养功能的重要评价指标。水源涵养量与降水量、蒸发量、地表径流、植被覆盖等指标关系密切（如表8所示）。

表8　水源涵养功能量核算表

类别	核算项目	核算内容	影响因子	核算方法
调节服务	水源涵养	水源涵养量	降雨量	替代工程法
			蒸发量	
			地表径流	
			植被覆盖	

一般来讲，较小环境内的实际蒸发量和地区统计局的常用蒸发量并不一致，主要受气候、土壤和植被类型等微观气候的影响。这里为了更为精确，对实际蒸发量ET运用拟合Budyko曲线经验公式进行计算。该计算模型为：

$$\frac{ATE_{xj}}{P_x}=\frac{1+W_xR_{xj}}{1+W_xR_{xj}+\frac{1}{R_{xj}}}$$

该公式中：

R_{xj}是干燥指数（无量纲），指潜在蒸发量与降雨量的比率。

$$R_{xj}=\frac{K_{xj}ET_{ox}}{P_x}$$

ET_{ox}为潜在蒸发量（mm · a^{-1}）；

K_{xj}为修正的植被潜在蒸散发系数（无量纲）；

再利用水量平衡方程对水源涵养量进行计算，计算模型如下：

$$TQ=\sum_{i=1}^{j}(P_i-ET_i)A_i$$

TQ为总水源涵养量（m^3）；

P_i为降雨量（mm）；

ET_i为蒸发量（mm）；

A_i为i类生态系统类型；

j为研究区域生态系统类型数。

2. 土壤保持功能量的计算

土壤保持功能是生态系统服务功能的重要组成部分，土壤保持功能是指生态系统中的土壤因为地形和植被及各组成部分产生的侵蚀控制和泥沙拦截的功能①。它可以减轻雨水和风对土壤的侵蚀，减少水土流失，进而可以保留住土壤，还可以促进土壤的形成，加强植物吸附性，涵养水源，这就为生态安全格局和生态系统服务提供了一定的保障。

选取土壤保持量作为评估生态系统土壤保持功能的重要评价依据。具体影响土壤保持量的因子有降雨量、坡长、坡度、植被覆盖率和侵蚀量（如表9所示）。

表9　土壤保持功能量核算表

类别	核算项目	核算内容	影响因子	核算方法
调节服务	土壤保持	土壤保持量	降雨量	替代工程法
			坡长	
			坡度	
			植被覆盖	
			侵蚀量	

土壤保持量的计算按照以下公式进行：

实际土壤侵蚀量：

$$A_a = R \times K \times L \times S \times C$$

潜在土壤侵蚀量：

① 刘月、赵文武、贾立志：《土壤保持服务：概念、评估与展望》，《生态学报》2019年第3期。

$$A_p = R \times K \times L \times S$$

土壤保持量：

$$A_s = A_p - A_a = R \times K \times L \times S \times (1 - C)$$

A_a为单位面积实际土壤侵蚀量（$t \cdot km^{-2} \cdot a^{-1}$）；

A_p为单位面积潜在土壤侵蚀量（$t \cdot km^{-2} \cdot a^{-1}$）；

A_s为单位面积土壤保持量（$t \cdot km^{-2} \cdot a^{-1}$）；

R是降雨侵蚀力因子，用多年平均年降雨侵蚀力指数表示；

K是土壤可侵蚀性因子，表示为标准区域内单位降雨侵蚀力形成的单位面积上的土壤流失量；

L为坡长因子（无量纲）；

S为坡度因子（无量纲）；

C为植物覆盖因子（无量纲）。

其中：

降雨侵蚀力因子R：

$$R = \sum_{k=1}^{24} \bar{R}_k$$

$$\bar{R}_k = \frac{1}{n} \sum_{i=1}^{n} \sum_{j=0}^{m} (a \cdot P_{i,j}^{1.7265})$$

公式中：

R为降雨侵蚀力因子（$MJ \cdot mm \cdot km^{-2} \cdot h^{-1} \cdot a^{-1}$）；

$\bar{R}_k$用多年降雨侵蚀力（$MJ \cdot mm \cdot km^{-2} \cdot h^{-1} \cdot a^{-1}$）。

土壤可侵蚀性因子K：

$$K = (0.1383 + 0.51575 \times K_{EPIC}) \times 0.1317$$

3.固碳释氧功能量的计算

固碳释氧功能是指生态环境中的所有生物和非生物对于碳元素的吸收固定功能和释放氧气功能的总称。生态环境中有着大量的植物（含藻类植物）可以通过光合作用吸收二氧化碳，并将二氧化碳转化成纤维素固定在植物本体或者土壤之中，这个过程同时可以释放大量氧气。除此之外，环境土壤中含有的大量钙化物也可以吸收二氧化碳；江河湖海也可以通过与二氧化碳反应吸收二氧化碳。这一过程对于降低二氧化碳浓度，减少温室效应，维持大气氧浓度作用巨大。根据植物光合作用方程式可知，常规情况下植物通过光合作用吸收264g二氧化碳可以产生192g氧气与162g的干物质，干物质中的碳元素含量可通过植被净初级生产力计算得到。这里选取固碳量和释氧量作为衡量该功能的核算内容。

表10　固碳释氧功能量核算表

<table>
<tr><th>类别</th><th>核算项目</th><th>核算内容</th><th>影响因子</th><th>核算方法</th></tr>
<tr><td rowspan="4">调节服务</td><td rowspan="4">固碳释氧</td><td rowspan="2">固碳量</td><td>生态类型</td><td rowspan="4">替代工程法</td></tr>
<tr><td>生态类型面积</td></tr>
<tr><td rowspan="2">释氧量</td><td>生态类型</td></tr>
<tr><td>生态类型面积</td></tr>
</table>

固碳功能量计算公式参考南京市市场监管局2021年6月发布的《生态系统生产总值（GEP）核算技术规范》[①]为：

$$E_c = 162 \times \sum_{j=1}^{n} N_{pj} \times A_j$$

$$E_o = 120 \times \sum_{j=1}^{n} N_{pj} \times A_j$$

公式中：

E_c代表固碳量（t/a）；

E_o代表释氧量（t/a）；

N_{pj}代表第j类生态系统净初级生产力（$g \cdot m^{-2} \cdot a^{-1}$）；

A_j代表第j类生态系统面积（km^2）。

4.大气净化功能量的计算

大气净化功能是指大气中的污染物在自然界的生物、物理、化学共同作用下被逐渐地固定、分解、消除，最终实现生态系统的自净作用。大部

① 《生态系统生产总值（GEP）核算技术规范》南京市地方标准，DB3201/T 1041-2021，2022-6-22.

分的植被表面结构可以吸附、滞留、过滤粉尘，同时植被的气孔可以吸收有害物质，将一些有机污染物通过氧化还原反应，生成无害物质。大气中的主要污染物有硫氧化物（二氧化硫、三氧化硫等）、氮氧化物（一氧化二氮、氧化氮、二氧化氮等）、碳氢化合物（甲烷、乙烷、乙炔等）、硫化氢、粉尘等。这些污染物主要伴随人类的生产生活出现，当污染物排放过量，超过大气自净能力时，就会诱发严重的环境灾害，影响人和生态系统的健康发展。因此大气净化功能非常重要。大气净化功能量按照吸收二氧化硫、吸收大氧化物、吸收粉尘三个指标来计算。

表11　大气净化功能量核算表

类别	核算项目	核算内容	影响因子	核算方法
调节服务	大气净化	吸收二氧化硫量	生态类型	替代工程法
			生态类型面积	
		吸收氮氧化物量	生态类型	
			生态类型面积	
		吸收粉尘量	生态类型	
			生态类型面积	

具体大气净化能力见计算公式：

$$Q_a = \sum_{i=1}^{n} \sum_{j=1}^{n} Q_{ij} \times S_i$$

公式中：

Q_a为大气净化污染物总量（t）；

Q_{ij}为生态系统单位面积吸收大气污染物的量（$t \cdot km^{-2} \cdot a^{-1}$）；

S_i为生态系统的面积（km^2）；

i为生态系统类型，具体有森林、灌木、草地等；

j为大气污染类别，具体有二氧化硫、氮氧化物和粉尘。

5. 气候调节功能量的计算

气候调节功能主要是指生态环境中的植物和水域通过光合作用、蒸腾作用、水蒸发过程，降低空气温度、增加大气湿润程度的过程。这个物理过程会吸收热量，降低温度，增加水汽含量，调节大气的温度和湿度，为居住或者游玩的人们创造怡人的微环境。植物是蒸腾作用的载体，水分可以通过叶片、叶柄、茎的气孔、角质层或皮孔由植物体内散发到植物体外。蒸腾作用和蒸发作用主要受光热等自然环境影响，蒸腾作用也受植被自身的调节和控制。

表 12 气候调节功能量核算表

类别	核算项目	核算内容	影响因子	核算方法
调节服务	气候调节	增加水汽	气温	替代工程法
			湿度	
			生态类型	
			生态类型面积	

这里对于气候调节功能价值的测算方法采用替代成本法，即采用加湿器实现等效降温的耗电量价值来当作气候调节价值，因此功能量就是加湿器等效降温消耗的电量。具体计算方法参考王莉雁的相关研究公式为：

$$Q_c = Q_p + Q_w$$

Q_c 为生态系统蒸腾蒸发总功能量（kW · h）；

Q_p 为生态系统蒸腾对应功能量（kW · h）；

Q_w 为生态系统蒸发对应功能量（kW · h）。

植物蒸腾功能量对应计算公式为：

$$Q_p = G_a \times H_a \times \rho$$

Q_p 为生态系统蒸腾对应功能量（kW · h）；

G_a 为植被覆盖面积（km^2）；

H_a 为单位绿地面积吸收的热量（$kJ \cdot km^{-2}$）；

ρ 为常数，用于单位转换，1kW · h/3600kJ。

水面蒸发与植物蒸腾功能量对应计算公式为：

$$Q_w = W_a \times E_p \times \beta \times \rho$$

Q_w为生态系统蒸发对应功能量（kW·h）；

W_a为水体面积（km^2）；

E_p为年平均蒸发量，单位为米每年（$m \cdot a^{-1}$）；

β为蒸发单位体积的水消耗的能量（$kJ \cdot m^{-3}$）；

ρ为常数，用于单位转换，1kW·h/3600kJ。

6.水质净化功能量的计算

水质净化功能是指水体中的污染物在自然界中生物、物理、化学共同作用下被逐渐地分解、消除，最终实现水生态系统的自净过程。这个过程通过水生植物群落的阻滤、沉降、吸附等物理作用以及植物体的吸收、积累等作用而达到对污水的净化效果。常见水体中的主要污染物有硫化物，无机的酸碱盐，蛋白质、油脂、碳水化合物等有机物，氮磷钾植物营养源以及农药等。当这些污染物排放过量，超过水体本身自净能力，会诱发水体污染，影响人和生态系统的健康发展。

水质净化功能量按照吸收总氮、吸收总磷与COD等水质污染物净化量三个指标来作为水质净化服务的功能量。

表13　水质净化功能量核算表

类别	核算项目	核算内容	影响因子	核算方法
调节服务	净化水质	吸收总氮	/	替代工程法
		吸收总磷	/	
		COD	/	

水质净化功能量的计算公式如下：

$$Q_{wp}=\sum_{i=1}^{n} Q_i \times A$$

公式中：

Q_{wp}为水体污染物净化总量（t）；

Q_i为第i类水质污染物（COD、总氮、总磷）的单位面积净化量（$t \cdot km^{-2} \cdot a^{-1}$）；

A为湿地生态系统的面积（km^2）；

i为研究区污染物类别，无量纲。

7.洪水调蓄功能量的计算

洪水调蓄是指生态系统中的坑塘沟渠在洪水来临之时储蓄水体、减弱洪峰的功能。一般来讲自然界中的暴雨、台风、冰雪融化、风暴潮等都会导致水体的突然增多形成洪峰，原有河道难以容纳过多洪水，极易形成洪水灾害，对人民生命财产安全造成重大损失。洪水调蓄能力主要受湖区面积、水库容量等影响（如表14所示）。洪水调蓄的功能量计算可以按照研究范围内湖泊、水库可继续容纳洪水的库容量来衡量，即湿地生态系统调节洪水的潜在库容量。

表14　洪水调蓄功能量核算表

类别	核算项目	核算内容	影响因子	核算方法
调节服务	洪水调蓄	湖泊蓄洪	湖区面积	替代工程法
			换水次数	
		水库蓄洪	水库容量	

洪水调蓄功能量公式为：

$$C_f = C_l + C_r$$

公式中：

C_f为洪水调蓄能力（万立方米）；

C_l为湖区洪水调蓄能力（万立方米）；

C_r为水库防洪库容（万立方米）。

洪水调蓄能力是按照湖泊可调蓄水量与湖面面积的关系构建模型，进而通过湖面面积与湖泊换水次数估算湖泊的洪水调蓄量。

$$C_l = e^{4.904} \times A^{0.927} \times T$$

公式中：

e为湖泊可调蓄水量（万立方米）；

A为对应湖区面积（平方千米）；

T为换水次数（次）

水库洪水调蓄能力：根据水库防洪库容与水库泄洪次数构建模型，由此估算，水库总防洪库容为：

$$C_r = C_t \times 0.35\ (N = 460, R = 0.810)$$

公式中：

C_r为水库总防洪库容（万立方米）

C_t为水库防洪库容（万立方米）。

（三）文化旅游功能量的计算

文化旅游的概念起源于19世纪中叶，其代表性事件是英国人托马斯·库克成立了第一家旅行社。旅游业是随着城市中物质充分流动而产生的人员跨区域流动现象，并且城市经济越发达，物质流动越充分，人员流动越频繁，往往旅游业发展越旺盛[①]。旅游业的诞生极大地丰富了产业的形态，为地区经济发展起到经济迅速提升的作用，同时也能带动其他相关产业发展。恩施州所具有的文化旅游价值是由州域内生态资源和历史文化资源两部分共同构成的，恩施州具有得天独厚的旅游资源。

三、生态系统价值量的计算

（一）产品提供价值

1.农业产品价值

农业产品价值应该用州域内各种农业产品的产量和各种农业产品的市场价格相乘，之后得到该类型农业产品的价值。本文中对于生态系统的产品提供价值主要运用市场价值法进行直接核算。农业产品价值具体核算公式为：

$$V_{农} = \sum_{i=1}^{n} E_i \times P_i$$

该公式中：

① 黄郁成：《基于旅游业发展变迁的旅游学科知识体系建设》，《旅游科学》2010年第3期。

$V_{农}$为农业产品价值（元）；

E_i为第i种农业产品的年产量（吨）；

P_i为第i种农业产品的单价（元/吨）；

i=1，2，3，…，n；n为第n种农业产品。

2.林业产品价值

林业产品价值应该用州域内各种林业产品的产量和各林业产品的市场价格相乘，得到该类型林业产品的价值。林业产品价值具体核算公式为：

$$V_{林}=\sum_{i=1}^{n} E_i \times P_i$$

该公式中：

$V_{林}$为林业产品价值（元）；

E_i为第i种林业产品的年产量（吨）；

P_i为第i种林业产品的单价（元/吨）；

i=1，2，3，…，n；n为第n种林业产品。

3.牧业产品价值

牧业产品价值应该用州域内各种牧业产品的产量和各牧业产品的市场价格相乘，得到该类型牧业产品的价值。牧业产品价值具体核算公式为：

$$V_{牧}=\sum_{i=1}^{n} E_i \times P_i$$

该公式中：

$V_{牧}$为畜牧业产品价值（元）；

E_i为第i种畜牧业产品的年产量（吨）；

P_i为第i种畜牧业产品的单价（元/吨）；

i=1，2，3，…，n；n为第n种畜牧业产品。

4.渔业产品价值

常用的渔业产品价值统计方法采用以下核算公式：

$$V_{渔}=\sum_{i=1}^{n} E_i \times P_i$$

该公式中：

$V_{渔}$为渔业产品价值（元）；

E_i为第i种渔业产品的年产量（吨）；

P_i为第i种渔业产品的单价（元/吨）；

i=1，2，3，...，n；n为第n种渔业产品。

5.水资源价值

恩施州水资源价值主要由四部分的用水量构成。水资源价值量计算公式为：

$$V_{水}=\sum_{i=1}^{n} E_i \times P_i$$

该公式中：

$V_{水}$为水资源产品价值（元）；

E_i为第i种水资源产品的年产量（吨）；

P_i为第i种水资源产品的单价（元/吨）；

i=1，2，3，...，n；n为第n种水资源产品。

6.生态能源价值

恩施州生态能源提供功能主要由风能、秸秆、沼气三部分构成，其价值量计算公式如下：

$$V_{能源}=\sum_{i=1}^{n} E_i \times P_i$$

该公式中：

$V_{能源}$为生态能源产品价值（元）；

E_i为第i种生态能源产品的年产量（吨）；

P_i为第i种生态能源品种的单价（元/吨）；

i=1，2，3，...，n；n为第n种生态能源产品。

（二）调节服务价值

1.水源涵养价值

水源涵养价值采用替代成本法来计算，即各种生态类型所涵养水源的功能总量换算成相同功效下人工工程干预的成本，这样该功能的价值就会相对容易换算。计算模型如下：

$$V_Q = \sum_{i=1}^{j} (P_i - ET_i) A_i \times Y_i$$

公式中：

V_Q为总水源涵养价值（元）；

P_i为降雨量（mm）；

ET_i为蒸发量（mm）；

A_i为i类生态系统类型；

j为研究区生态系统类型数；

Y_i为人工成本替代价格（元/立方米）。

2. 土壤保持价值

土壤保持价值是指州域范围内所有生态类型所能保持土壤的总价值，它的计算方法也是采用替代成本法，即相同功效的人工成本换算生态类型所得能保留土壤的总量。计算公式如下：

$$V_s = R \times K \times L \times S \times (1 - C) \times S_q \times P$$

公式中：

V_s为土壤保持价值（元）；

R是降雨侵蚀力因子，用多年平均年降雨侵蚀力指数表示；

K是土壤可侵蚀性因子，表示为标准区域内单位降雨侵蚀力形成的单位面积上的土壤流失量；

L为坡长因子（无量纲）；

S为坡度因子（无量纲）；

C为植物覆盖因子（无量纲）；

S_q为生态类型面积（km^2）；

P为人工工程成本（元/吨）。

3. 固碳释氧价值

固碳释氧价值分为两部分，分别为固碳价值和释氧价值。固碳价值是采用替代成本法来计算的。各生态环境类型功能量总和与等效人工工程单价相乘来计算，其公式为：

$$V_c = 162 \times \sum_{j=1}^{n} N_{pj} \times A_j \times P$$

公式中：

V_c代表固碳价值（元/年）；

N_{pj}代表第j类生态系统净初级生产力（g・m^{-2}・a^{-1}）；

A_j代表第j类生态系统面积（km^2）；

P代表人工成本单价（元/吨）。

释氧价值量也是通过人工替代法来计算的，计算公式为：

$$V_o = 120 \times \sum_{j=1}^{n} N_{pj} \times A_j \times P$$

公式中：

V_o代表释氧价值（元/年）。

4.大气净化价值

大气净化价值采用人工替代成本法来计算，具体计算公式：

$$V_a = \sum_{i=1}^{n} \sum_{j=1}^{n} Q_{ij} \times S_i \times P$$

公式中：

V_a为大气净化总价值（元/年）；

Q_{ij}为生态系统i单位面积吸收大气污染物的量（t・km^{-2}・a^{-1}）；

S_i为生态系统i的面积（km^2）；

i为生态系统类型，具体有森林、灌木、草地等；

j为大气污染类别，具体有二氧化硫、氮氧化物和粉尘；

P为人工吸附大气污染物价格（元/吨）。

5.气候调节价值

气候调节分为植物蒸腾和水面蒸发两个作用，因此其价值也分为蒸腾作用价值与蒸发作用价值。气候调节研究采用替代成本法进行，即用人工加湿器的耗电成本来充当气候调节的价值。其公式为植物蒸腾功能量对应计算公式为：

$$V_x = (G_a \times H_a + W_a \times E_p \times \beta) \times \rho \times P$$

公式中：

V_x为气候调节总价值（元/年）；

G_a为植被覆盖面积（km^2・a^{-1}）；

H_a为单位绿地面积吸收的热量（kJ·km^{-2}）；

W_a为水体面积（km^2）；

E_p为年平均蒸发量（m·a^{-1}）；

β为蒸发单位体积的水消耗的能量（kJ/m^3）；

ρ为常数，用于单位转换，1kW·h/3600kJ；

P为当前平均电价（元/千瓦时）。

6.水质净化价值

水质净化价值量的计算公式及其具体计算方法，如下：

$$Q_{wp}=\sum_{i=1}^{n} Q_i \times A \times P$$

公式中：

Q_{wp}为水体净化水质价值总量（元/年）；

Q_i为第i类水质污染物（COD、总氮、总磷）的单位面积净化量（t·km^{-2}·a^{-1}）；

A为湿地生态系统的面积（km^2）；

i为研究区污染物类别，无量纲；

P为水厂净化污染物单价，单位为元每吨（元/吨）。

7.雨洪调节价值

雨洪调节价值就是水库与湖泊最大可蓄水容量所产生的调节价值，这里用替代成本法来核算，即人工开挖相同容积水库所耗费的经济价值。雨洪调节价值量公式：

$$V_f=(C_l+C_r)\times P$$

公式中：

V_f为洪水调蓄价值（元/年）；

C_l为湖区洪水调蓄容量（万立方米）；

C_r为水库防洪库容（万立方米）；

P为开挖水库成本（元/万立方米）。

（三）文化旅游价值

文化旅游价值可以分为两个部分。一部分是游客在游览过程中的消费，这部分产生使用价值；另一部分是非使用价值，是指游客在景区环境中，为了景区环境可持续发展，对环境质量改善所产生的最大支付意愿（Willingness to Pay，WTP）及对环境恶化希望获得的最小补偿意愿（Willingness to Accept，WTA）。

在众多的关于生态旅游价值和遗产文化旅游价值的评估中，使用较多的方法有条件价值评估法（CVM法）、旅行费用法（TCM法）和选择实验法，其中条件价值评估法在相关研究领域中的权威性最高①。条件价值评估法可以用来评估景区环境的非使用价值，用来研究游客的生态补偿意愿非常有效。但是该方法需要制定合理的调查问卷，调研的范围要选择合适，还要保证抽样的随机性，否则对于结果准确性的影响非常大。旅行费用法是一种适用于评估景区使用价值的优秀方法，游客在实际旅行过程中所产生的消费情况，如交通费用、餐饮费用、门票费用、住宿费用、纪念品购买费用、导游费用等都可以用旅行费用法来计算。李环等②通过条件价值评估方法核算出2018年阆中古城景区的经济价值为161亿元。李凯等③通过AHP与CVM法对贵阳市青岩古镇的喀斯特传统聚落旅游资源进行了评估，他们将传统聚落旅游资源分为自然景观资源、聚落景观资源和人文景观资源，最终核算结果为每年27.3亿元。关海玲（2015）等通过CVM法研究了群众对于山西省森林资源生态补偿意愿为每人每年62.95元，总价值为每年2.02亿元。以上研究说明CVM法和TCM法相互配合，在旅游资源价值评估研究中是相对准确和可靠的。

$$V_{旅} = V_s + V_t$$

① 黄小玲、陈秋华、宋一婧：《基于CVM的文化遗产旅游资源非使用价值评估——以福州上下杭历史文化街区为例》，《福建商业高等专科学校学报》2021年第2期。

② 李环、赵韬、向程：《基于TCM-CVM综合模型的古城旅游景区经济价值评估——以阆中古城为例》，《干旱区资源与环境》2021年第3期。

③ 李凯、沈雯、黄宗胜等：《基于AHP与CVM法的喀斯特传统聚落旅游资源评估研究——以贵阳市青岩古镇为例》，《山地农业生物学报》2018年第1期。

公式中：

$V_{旅}$为休闲旅游总价值；

V_s为生态环境使用价值，即游客总消费金额（元/年）；

V_t为生态环境非使用价值，即生态环境补偿收入（元/年）。

其中使用价值计算公式为：

$$V_s = V_a \times T$$

公式中：

V_s为游客旅行总消费金额（元/年）；

V_a为游客人均旅游消费金额（元/年）；

T为年末游客总人数。

非使用价值计算公式为：

$$V_t = V_b \times T \times r$$

公式中：

V_t为旅游生态环境补偿收入（元/年）；

V_b为人均生态补偿支付意愿（元/年）；

T为年末游客总人数；

r为支付意愿率。

四、结　论

本文通过构建恩施州的GEP核算指标体系，将GEP核算的具体指标与详细分类进行了专题研究和确定，为后续的GEP核算进行了理论铺垫和基础性研究。GEP 核算内容具体分为产品提供价值核算、调节服务价值核算与文化旅游价值核算三大部分。产品提供价值与调节服务价值可以通过先计算功能量，再计算价值量的方法实现；文化旅游价值可以直接通过调查问卷的方式获得相应数据。继而从生态经济学的角度，运用GEP核算的原理，采用市场价值法、市场替代法、条件价值评估法等技术方法，实现对恩施州生态系统的产品提供价值、调节服务价值、文化旅游价值进行核算。本研究最终计划得到了恩施州生态系统生产总值及其各组成部分的价值，并且进一步分析出了各部分价值的空间分布特征，为恩施州的绿色低碳产业发展提供理论基础和指导性参考依据。具体而言，产品提供价值可以直接引导农业、林业、牧业、水资源、能源、矿产资源的可持续发展；调节服务价值可以指导生态补偿、生态价值交易与生态增量建设；文化旅游价值可以促进绿色生态与文化旅游的融合，完善生态资源保护与生态旅游衔接机制。

总之，在生态文明建设仍处于压力叠加、负重前行的关键期，恩施州GEP核算是恩施州走生态文明之路，努力践行“两山”理论的重要基础性工作，亟须在州委、州政府的高度重视与支持下尽快开展后续研究。

红色文化融入民族地区高质量发展的实践路径

——以恩施土家族苗族自治州为例

朱迎凤[①]

红色文化是中华民族宝贵的精神财富，各地要有保护好和利用好红色文化的文化自觉和历史主动。蕴含丰富红色文化的恩施州在实现高质量发展的新征程上要主动做好“红色恩施”建设，通过积极探索可行的实践路径，从而促进恩施州实现高质量发展，加快恩施州实现共同富裕的历史进程。

关键词：红色文化；民族地区；高质量发展；恩施州

尊重历史是一个民族自信的体现，只有尊重历史才能够更好地实现文化自觉和文化自信。红色文化是我们党带领各族人民群众在革命斗争的实践中形成的特殊的文化形态，是宝贵的历史记忆和精神财富，学习好保护好利用好红色文化是我们珍惜历史、拥护党的领导和走好新时代新征程的必然要求。

---

① 朱迎凤，恩施市舞阳中学教师。

一、红色文化是推进民族地区高质量发展的精神财富

红色文化是党在领导中国革命斗争实践中形成的重要文化形式，包括革命遗址、革命文物、革命故事、革命歌曲、革命人物事迹等。红色文化是一笔宝贵的精神财富，是我们党领导中国人民在艰苦卓绝的革命斗争中形成的精神文化结晶，反映了中国共产党不怕牺牲、前赴后继、挽救民族危亡的历史，反映了中国共产党不忘初心、牢记使命的精神风貌，是引领全国各族人民群众回顾历史、坚定理想、继续前行的精神动力，是推进中国式现代化的精神财富。

红色文化是党领导各族人民群众在革命斗争实践中形成的优秀文化，各族人民群众对红色文化的形成都做出了巨大的历史贡献，弘扬和传承好红色文化也是各族人民的共同历史责任和使命。在推进中国式现代化的新征程上，我们要高度重视红色文化的保护和传承工作，从而促进中国式现代化的发展。正如习近平总书记在党的二十大报告中所指出："弘扬以伟大建党精神为源头的中国共产党人精神谱系，用好红色资源。"①

二、红色文化是恩施州实现高质量发展的重要元素

恩施是全国最年轻的自治州，在党的领导下，近年来恩施经济社会发展迅速，交通条件大大改善，文化旅游产业得到极大发展，人民生活水平显著提升，各族人民群众高度拥护党的路线方针政策，同心同德取得了全面建成小康社会的伟大成就。在推进中国式现代化建设的新征程上，恩施州要更加善于树立新发展理念，立足自身资源优势，进一步发挥自身比较优势，实现民族地区高质量发展。近年来恩施州高度重视自然生态资源开发利用，大大促进了恩施州经济社会发展，恩施已经建设成为全国知名的旅游目的地。我们要看到恩施不仅有着丰富的自然风光和民族文化，同时，我们还要看到恩施有着非常丰富的红色文化资源。这些宝贵的红色文

---

① 习近平：《高举中国特色社会主义伟大旗帜 为全面建设社会主义现代化国家而团结奋斗——在中国共产党第二十次全国代表大会上的报告》，新华社2022年10月25日。

化是党和军队的历史记载，是各族人民群众用鲜血染成的可歌可泣的故事，是教育各族人民群众不忘初心、继续前行的宝贵精神食粮。

（一）红色文化是建设先进自治州的精神财富

恩施红色文化是恩施州各族人民群众在党的领导下在革命斗争中形成的宝贵财富，体现了中国共产党领导下的各族人民不怕牺牲、英勇斗争、追求真理的精神风貌。恩施是湘鄂西、湘鄂川黔革命根据地的重要构成部分，红二、六军团在恩施地区的革命斗争历史，贺龙、任弼时、萧克等老一辈无产阶级革命家在恩施的革命故事等，都是凝聚恩施地区各族人民珍惜历史、不忘初心、鼓足干劲、继续奋斗的强大精神力量。据统计，土地革命时期，恩施地区5个县建立了县委和苏维埃，有40个区、243个乡建立了党团组织、苏维埃政权和群团组织。中华人民共和国成立后，全州8个县（市）和75个乡（镇）被认定为革命老区，这是恩施实现新发展的宝贵精神财富。

（二）红色文化是提升自治州形象的宝贵资源

恩施州有革命时期的党政军机关、重要会议、重要战斗、英烈墓志等遗址1300多处。如以恩施地区为主要组成部分的湘鄂边根据地的革命斗争历史、以巴东为主要组成部分的巴归兴根据地的革命斗争史、鄂川边游击根据地的斗争史以及红二、六军团转战恩施的历史，鄂西特委的革命斗争历史，叶挺将军被囚恩施期间的斗争历史等，都是中国共产党领导恩施各族人民革命斗争的光荣历史、宝贵财富和重要资源。2021年国务院明确包括湘鄂渝黔在内的12个革命老区规划范围，以及包括恩施州在内的20个革命老区重点城市目标定位及重点政策。同时，恩施州咸丰、宣恩、来凤3县被纳入长征国家文化公园建设范围。因此，挖掘好、传承好和开发利用好这些红色文化是尊重历史、凝聚人心、提升形象的历史责任和光荣使命。在全国上下都非常注重红色文化开发和利用的当下，恩施州更要看到整理好和宣传好红色文化对提升和扩大恩施形象的重要理论价值和实践价值。

（三）红色文化是促进恩施州产业发展的重要依托

红色文化是发展红色文化产业的精神内核，红色文化可以通过红色文化旅游等产业产生巨大的社会效益和经济效益。当前，许多地区通过弘扬红色文化，打造红色文化旅游，带动了当地经济社会发展。近年来，恩施州在重视红色文化资源整理、保护利用方面做了不少工作，恩施红色文化得到较好传播和保护利用，但是总体而言，恩施州在利用红色文化资源促进经济社会发展方面，尤其是促进红色文化旅游产业发展方面与全国许多地区相比还存在较大提升空间，各县市应进一步挖掘整理红色文化，并把红色文化更好地融入恩施“大旅游”中去，吸引全国更多人士到恩施感受美丽山川的同时，也更好地感受恩施的红色文化，使恩施的旅游更有文化内涵，使全国各地游客在受到恩施“绿”的享受的同时，也被恩施“红”所感染，从而促进恩施红色文化传播和恩施红色文化产业链的提质增效。

三、恩施红色文化融入民族地区高质量发展的实践路径

民族地区在迈向第二个百年奋斗目标的新征程中，要着眼于高质量发展，要有新发展理念和思路，在发展规划、项目引进、产业发展、城乡融合发展等方面都要提前谋划，超前部署，要在“高质量”上下功夫，要在“高水平”上动脑筋，摒弃粗放和落后的发展理念和发展路子。红色文化具有良好的政治功能和教育功能，把红色文化融入民族地区经济社会发展中，对于提升民族地区发展层次、区域形象和红色产业具有十分重要的作用。恩施州不仅有着丰富的自然风光、浓郁的民族文化，而且有着非常丰富的红色文化，再加上恩施现在交通便利，又与张家界、重庆、三峡、宜昌等地距离很近，要主动与这些区域协同发展，把恩施红色历史传播好，吸引全国各地更多干部群众到恩施旅游消费和接受红色教育，促进恩施经济实现高质量发展。近年来国家高度重视革命老区建设，《国务院关于新时代支持革命老区振兴发展的意见》等文件的出台为恩施红色文化的保护

和利用，以及促进恩施经济社会发展提供了良好的机遇，恩施州各县市应最大限度地利用好这些政策，谋划好和争取好相应项目建设，包括做好区域合作发展等工作，从而促进恩施州实现高质量发展。

（一）红色文化融入民族地区产业发展路径

民族地区要实现高质量发展，说到底需要民族地区产业发展取得更好成就，进一步树立新发展理念，转变新发展方式，发挥比较优势，充分利用好当地的优势资源发展和延长产业链，提高产品的市场竞争力。民族地区一般都处于生态良好、文化浓郁的地方，一般都比较重视发展生态和民族文化产业，注重旅游产业的发展，而不少地方相对忽视红色文化产业发展。民族地区要有意识地把当地的红色文化资源加以继承发扬和创造性转化，将红色文化融入当地的产业建设实践中去，特别是要把红色文化旅游做大做强，从而更好地发挥红色文化在拉动旅游产业发展、促进消费和教育人民等方面的作用，将恩施的红色旅游融入全州“大旅游”、全省全国“红色旅游”的整体发展体系中，实现升级和增容。

（二）红色文化融入民族地区乡村振兴路径

在新时代新征程，要实现好民族地区加快发展，需要巩固好脱贫攻坚成绩，并做好脱贫攻坚和乡村振兴的衔接工作。乡村振兴包括文化振兴等五大振兴，民族地区要统筹做好民族文化和红色文化共同振兴工作，恩施州更要发挥好“恩施红”和“恩施绿”的双重效应，打造全国知名的乡村振兴试点和逐步扩大乡村振兴区域，要由“乡村振兴”到“乡镇振兴”，促进民族地区城乡融合发展。近年来，恩施州各县市和一些乡镇积极挖掘红色资源，在党员生活场馆建设、干部培训研修、大中小学研修、主题党日活动载体建设、教育教学实践基地建设等方面取得较大进展，恩施州委组织部等部门也积极倡导发挥红色文化在干部教育等方面的功能，一些乡镇和村落在红色文化保护和创造性转化方面迈出较大步伐，这对促进恩施乡村振兴、农民增收和红色恩施建设方面起到了积极作用。同时，我们也感觉到各地重视程度有差异，发展存在不平衡等问题，有的地方红色文化资源比较丰富，但是保护和利用还不够，需要加快主动谋划步伐，促进红色文化更好融入当地乡村振兴工作，充分发挥红色文化在产业发展、文化建设、组织建设等方面的功能，促进红色恩施建设和乡村振兴实现共同进步和持续提升。

（三）红色文化融入民族地区精神文明建设路径

民族地区要实现高质量发展，不仅需要经济繁荣，而且也需要有良好的精神文明助力经济建设。精神文明建设依赖一个地方经济发展水平，没有良好的经济基础必然影响当地精神文明建设。同时，良好的精神文明又会促进一个地方经济发展。民族地区相对落后，更要注重精神文明建设，要注重红色文化等优秀文化因素的积极功能发挥，凝心聚力促进各族人民群众投入火热的新时代中国特色社会主义建设实践。近年来，恩施州各地把红色文化融入群众文艺工作、学校教育教学工作以及文明社区、文明乡村、文明城市的创建工作中去，何功伟、刘惠馨、叶挺以及张富清等人的红色故事得到广泛传播，恩施五峰山、鹤峰五里坪、建始店子坪、咸丰忠堡等地积极拓展红色文化教育功能，恩施州广大干部群众积极主动到这些地方接受教育，这在一定程度上有助于当地经济繁荣和发展。同时，恩施州还需要进一步加大力度，力争做得更加系统和有影响力，要让更多的红色文化发挥出应有的作用，吸引全国各地更多人士前来接受教育，特别是要在干部党性教育、红色旅游、大中小学生实践研修、大中小学思政课一体化实践基地建设等方面发挥更大的作用。

（四）红色文化融入民族地区生态文明建设路径

红色文化传承和绿色生态发展是民族地区实现高质量发展和推进民族地区中国式现代化建设的重要维度，应该相互促进、相互融合，“推动红色文化传承与绿色生态发展的相互促进”。恩施州应进一步做好“红色恩施”提档升级和“绿色恩施”繁荣发展，促进二者相互融合发展，在打造

“两山”示范区的同时彰显红色恩施底色，在弘扬“红色恩施”的同时促进“绿色恩施”繁荣发展，使广大人民群众在“绿色恩施”中感受到“红色恩施”的历史和动力，使恩施“红”“绿”相互融合相互促进。如通过有意识引导和项目实施使恩施的广大干部群众既感受恩施的生态之美，又回顾红色恩施的感人岁月，提升党性修养，激发前进动力，增强历史主动，书写新征程新篇章。特别是要积极吸引州外各地党员干部到恩施各种基地接受教育培训、享受绿色生态和感受红色文化，从而使恩施生态文明建设和红色文化建设相互促进，从而更好地促进恩施生态发展和红色文化传播。

恩施州促进各民族交往交流交融研究

铸牢中华民族共同体意识视角下民族院校大学生交往交流交融的基本经验与实践路径

曹召胜[①]

铸牢中华民族共同体意识是新时代高校德育工作的主线，民族院校是铸牢中华民族共同体意识的关键阵地，是各民族大学生交往交流交融的典型场域。湖北民族大学通过强化依法治校、增进人文关怀、坚持综合施策、坚持服务社会等途径，为各民族大学生创设了开展深度交往交流交融的物理和人文空间，深入推进了民族院校铸牢中华民族共同体意识工作的开展。湖北民族大学的实践举措为民族院校促进各民族大学生交往交流交融积累了宝贵的经验，民族院校应从高度的政治自觉、理论自觉和行动自觉出发，扛起铸牢中华民族共同体意识的主体责任，探究各民族大学生交往交流交融的客观规律，构建各具特色、富有成效的中华民族共同体意识教育体系，切实推进铸牢中华民族共同体意识向纵深发展。

关键词： 中华民族共同体意识；民族院校；交往交流交融

铸牢中华民族共同体意识，是事关国家政治长期稳定和经济社会长期繁荣的根本。党的十九大报告明确指出："全面贯彻党的民族政策，深化民族团结进步教育，铸牢中华民族共同体意识，加强各民族交往交流交融，促进各民族像石榴籽一样紧紧抱在一起，共同团结奋斗、共同繁荣发展。"党的二十大报告进一步明确指出："以铸牢中华民族共同体意识为主

---

① 曹召胜，湖北民族大学民族学与社会学学院党总支书记。

线，坚定不移走中国特色解决民族问题的正确道路，坚持和完善民族区域自治制度，加强和改进党的民族工作，全面推进民族团结进步事业。”①以各民族交往交流交融为基本路径，以铸牢中华民族共同体意识为根本保障，促进民族团结进步事业向纵深发展，是新时代推进民族工作高质量发展的必然要求。

推进各民族交往交流交融是新时代党的民族政策的新指向。青年大学生是社会主义事业的未来建设者和接班人，也是现实社会生活中的鲜活力量，各民族大学生能否平等交往、健康交流、和谐交融直接关系到能否在青年大学生群体中铸牢中华民族共同体意识。从这个意义上讲，各民族大学生之间的交往交流交融是当前铸牢中华民族共同体意识的重点工作领域。民族院校是各民族大学生相互学习、共同生活、携手成长的具体场域，民族院校广大师生肩负着促进各民族大学生交往交流交融，铸牢中华民族共同体意识的时代责任和历史使命。可以说，畅通交往交流交融的渠道，真正将中华民族共同体意识融入生活、汇入日常、铸入灵魂、嵌入行动，真正把各民族大学生培养成担当民族复兴大任的社会主义建设者和接班人，是新时代民族院校必须系统谋划、统筹推进、持久发力的重要任务。

一、民族院校：铸牢中华民族共同体意识的典型场域

（一）铸牢中华民族共同体意识是新时代高校德育工作的主线

习近平总书记在2019年全国民族团结进步表彰大会上提出：“实现中华民族伟大复兴的中国梦，就要以铸牢中华民族共同体意识为主线，把民族团结进步事业作为基础性事业抓紧抓好。我们要全面贯彻党的民族理论和民族政策，坚持共同团结奋斗、共同繁荣发展，促进各民族像石榴籽一

① 习近平：《高举中国特色社会主义伟大旗帜 为全面建设社会主义现代化国家而团结奋斗——在中国共产党第二十次全国代表大会上的报告》，新华社2022年10月25日。

样紧紧拥抱在一起，推动中华民族走向包容性更强、凝聚力更大的命运共同体。”[①] 2020年，习近平总书记在第三次中央新疆工作座谈会上进一步强调了铸牢中华民族共同体意识的重要地位，深刻指出“要以铸牢中华民族共同体意识为主线，不断巩固各民族大团结”[②]。在2021年中央民族工作会议上，习近平总书记再次强调，“必须以铸牢中华民族共同体意识为新时代党的民族工作的主线，推动各民族坚定对伟大祖国、中华民族、中华文化、中国共产党、中国特色社会主义的高度认同，不断推进中华民族共同体建设”。[③]

高等院校作为各族青年大学生高度聚集的学习与生活场所，是在中国共产党领导下促进新时代民族工作高质量发展工作体系中的多元主体之一。2019年，全国高等教育在校生总规模突破4000万人。习近平总书记在全国高校思想政治工作会议上强调：“要坚持把立德树人作为中心环节，把思想政治工作贯穿教育教学全过程，实现全程育人、全方位育人，努力开创我国高等教育事业发展新局面。”从“培养什么样的人”的角度看，无论是“担当民族复兴大任的时代新人”，同时还是“德智体美劳全面发展的社会主义建设者和接班人”，铸牢中华民族共同体意识是高等院校人才培养的根本，更是高校德育实践中的一条新的主线。

（二）民族院校是铸牢中华民族共同体意识的关键阵地

民族院校一直承担着培养民族人才、促进民族团结、传承民族文化的功能，为构建和谐的社会主义民族关系做出了巨大贡献。2018年，习近平总书记在给西藏民族大学建校60周年的贺信中强调：“紧紧围绕培养什么样的人、怎么培养人、为谁培养人这一根本问题，培育和弘扬社会主义核心价值观，提高教育教学水平，贯彻党的民族政策和宗教政策，加强民

---

① 《习近平在全国民族团结进步表彰大会上的讲话》，《人民日报》2019年9月28日。

② 《坚持依法治疆团结稳疆文化润疆富民兴疆长期建疆 努力建设新时代中国特色社会主义新疆》，《人民日报》2020年9月27日。

③ 《以铸牢中华民族共同体意识为主线 推动新时代党的民族工作高质量发展》，《人民日报》2021年8月29日。

族团结进步教育，传承中华优秀传统文化，自觉维护民族团结，全面推进学校各项工作，努力培养德智体美劳全面发展的社会主义建设者和接班人，为推动西藏经济社会发展，为实现‘两个一百年’奋斗目标、实现中华民族伟大复兴的中国梦作出新的更大贡献。”①

民族高校要着力培养担当民族复兴大任的时代新人，必须在铸牢中华民族共同体意识上先走一步、更深一层。从现实情况看，各民族大学生在同一个班级、同一个课堂、同一个宿舍、同一个校园生活学习、共同成长，为铸牢各民族大学生的中华民族共同体意识提供了绝佳的教育与实践平台。

从历史传统看，中华人民共和国成立以来，各级民族院校坚持社会主义办学方向，贯彻落实党的教育方针和民族政策，为民族地区经济社会发展培养了大量社会主义建设者和接班人。民族院校培养的各民族优秀人才扎根中华大地，成为各民族“共同团结奋斗，共同繁荣发展”和“中华民族一家亲，同心共筑中国梦”的实践者，民族地区、边疆地区经济社会发展的建设者，中华民族优秀文化的弘扬和传播者，铸牢中华民族共同体意识的践行者，民族团结和祖国统一的捍卫者。

从时代使命看，必须以铸牢中华民族共同体意识为新时代党的民族工作的主线，推动各民族坚定对伟大祖国、中华民族、中华文化、中国共产党、中国特色社会主义的高度认同，不断推进中华民族共同体建设。可以说，没有中华民族共同体意识作为共同价值支撑，中华民族伟大复兴的宏图伟业就失去了基础力量。

（三）民族院校是各民族大学生交往交流交融的典型场域

各民族交往交流交融，既是我国的历史传统，也是我国各民族现实生活的真实写照。一部中华文明发展史，就是各民族之间的交往交流交融史。在各民族长期的交往交流交融中，中华民族由多元到一体，由松散到

---

① 《习近平致西藏民族大学建校60周年的贺信》，https：//www.gov.cn/xinwen/2018-10/15/content_5330853.htm。

紧密，最终形成你中有我、我中有你、彼此离不开的中华民族共同体。中华民族共同体就是一个由56个民族组成的，有共同认同的血缘融通、流动交汇的有机体（自觉的实体和整体），是一个历经五千年风雨锻造而成的“多元一体”的命运共同体。中华民族共同体意识是对历史上中华各民族在政治、经济、文化方面交往交流交融的认同，是对56个民族同呼吸、共患难，“你中有我，我中有你，谁也离不开谁”的命运共同体的认同，这种共同的心理认同，成为加强“五个认同”教育的共同心理基础和情感依托。[①]

民族院校是各民族大学生共同的学习成长场所和共有的精神文化家园，是各民族大学生交往交流交融的特殊场所。民族院校的人员构成为铸牢中华民族共同体意识提供了良好的物理和人文空间，同学校、同专业、同班级乃至同宿舍，就是一个典型的各民族大学生交往交流交融的互嵌式社区。在新的时代背景下，民族院校要以更加有效的形式促进各民族大学生之间交往交流交融，让各民族大学生在长期交往交流交融中增进了解、促进包容，产生共同为实现中华民族伟大复兴的中国梦而努力奋斗的价值追求和理想人格。

二、民族院校促进各民族大学生交往交流交融的基本经验

长期以来，全国各民族院校在促进各民族大学生交往交流交融中发挥了十分重要的作用。本文以坐落在湖北省恩施土家族苗族自治州的湖北民族大学为例，总结民族院校促进各民族大学生交往交流交融的基本经验。湖北民族大学作为一所办在民族地区的民族院校，始终践行“坚持社会主义办学方向，贯彻落实党的教育方针和民族政策，以铸牢中华民族共同体意识为主线，以立德树人为根本任务”的办学宗旨，先后为社会培养、输送各类专业技术人员十万余人，为国家特别是鄂西南民族地区经济和社会发展作出了突出贡献，获得“全国民族团结进步模范集体”“全国民族体育模范集体”“湖北省民族团结进步模范集体”等多个荣誉称号。湖北民

① 王延中：《铸牢中华民族共同体意识 建设中华民族共同体》，《民族研究》2018年第1期。

族大学长期致力于推进各民族大学生交往交流交融，促进各民族大学生共同成长进步，相关经验可以总结为如下几个方面。

（一）坚持民族平等，强化依法治校

民族平等是各民族交往交流交融的基本前提。而各民族平等，最根本的是在法律面前人人平等。湖北民族大学依据国家法律法规制定学生管理制度并在日常学生管理中坚持平等原则，是多年来进行校园管理的根本经验总结。湖北民族大学坚持民族平等和依法治校，让各民族大学生在统一的法律规则和学业标准下接受高等教育，是维护和谐民族关系、构建和谐美丽校园的首要保障。

（二）坚持立德树人，增进人文关怀

立德树人是高校的基本责任与使命，民族高校尤其需要把铸牢中华民族共同体意识融入德育体系。在德育实践中，尊重差异，增进人文关怀是提升教育实效的重要手段。各民族院校坚持在保持同一性基础上的尊重差异性，以人文关怀促进交往交流交融，铸牢中华民族共同体意识。以湖北民族大学为例，该校长期推行“1+1+1”的结对帮扶模式，即一个辅导员或其他党员老师、一个党员学生或学生干部与一个普通学生结成对子，建立经常性的交流机制，有助于了解学生思想动态和生活学习状况，有助于促进各民族大学生之间的交往交流交融，有助于在交往交流交融中铸牢中华民族共同体意识。

（三）坚持综合施策，深化民族团结

促进各民族大学生交往交流交融必须全方位推进，铸牢各民族大学生中华民族共同体意识必须全过程培育。民族院校大多依托民族团结进步创建活动，将课程教育的“显性功能”与实践育人的“隐性功能”结合起来，将知识传授的“理性功能”与文化传播的“感性功能”结合起来，多元参

与、综合施策。就铸牢中华民族共同体意识教育而言，湖北民族大学一直坚持把课堂教学作为主阵地，长期将《民族理论与政策》作为通识必修课程对所有专业学生开设，并在2021年调整为《中华民族共同体概论》，列入大思政课程体系。在“人文科学与艺术”类通识选修课程中增加中华民族文化类课程。在双创教育类课程中，深度挖掘中华优秀传统文化的创新元素，增强“五个认同”，进一步巩固爱国主义教育成果，将铸牢中华民族共同体意识教育贯穿于学校教育教学工作的全过程。湖北民族大学从2010年起举办以“多彩民族 筑梦中华”为主题的民族文化节，是全校各族大学生期盼的文化大餐，更是各民族大学生共同的校园文化记忆，中华民族共同体意识在不经意间融入了各民族大学生的精神血脉之中。

（四）坚持服务社会，助力民族发展

持续助力民族地区经济社会发展，为民族地区培养各类人才。民族院校坚持在服务社会、助力民族发展中铸牢中华民族共同体意识。如湖北民族大学积极引导学生关心祖国发展、情牵民族团结，成立了“红石榴”志愿服务和社会实践专项团队，服务民族地区经济社会发展，在参与助力脱贫攻坚和乡村振兴、推进民族文化保护和文化产业发展、支持民族地区教育事业、开展党的民族政策宣讲等方面做了大量的工作。近年来，多所民族大学相继成立了“中华民族共同体研究院”，作为民族院校服务民族地区经济社会发展的教学科研平台，为深化民族团结进步教育、铸牢中华民族共同体意识提供新视野、新见解、新主张、新路径，为推进新时代民族工作高质量发展发挥智库支持作用。

三、促进民族院校各民族大学生交往交流交融的实践路径

（一）民族院校要以高度的政治自觉，扛起铸牢中华民族共同体意识的主体责任

在民族院校的发展历程中，各个民族院校为民族地区经济社会发展和

中华人民共和国民族团结进步事业做出了不可磨灭的贡献。2018年10月15日，习近平总书记在西藏民族大学建校60周年之际发去了贺信。从贺信中可以明确两点：一是总书记对西藏民族大学等民族院校的成绩是充分肯定的，贺信充分肯定了民族院校在贯彻党的教育方针，坚持正确办学方向，坚持立德树人，培养优秀干部和专业技术人才方面做出的贡献。二是站在新的历史起点上，对标"两个一百年"奋斗目标和实现中华民族伟大复兴的中国梦对民族院校提出了希望和要求，习近平总书记要求民族院校"全面贯彻落实新时代中国特色社会主义思想和党的十九大精神，紧紧围绕培养什么样的人、怎么培养人、为谁培养人这一根本问题，培育和弘扬社会主义核心价值观，提高教育教学水平，贯彻党的民族政策和宗教政策，加强民族团结进步教育，传承中华优秀传统文化，自觉维护民族团结"。这就要求民族院校要基于办学历史和办学定位，在履行人才培养、科学研究、学科建设、社会服务、文化传承等基本职能的同时，以高度的政治自觉，扛起铸牢中华民族共同体意识的主体责任。

（二）民族院校要以高度的理论自觉，探究各民族大学生交往交流交融的客观规律，促进各民族大学生交往交流交融向纵深发展

各民族院校要立足自身实际，发挥自身的科研优势，组建专门研究团队，探究各民族大学生交往交流交融的客观规律，找到阻碍各民族大学生交往交流交融的堵点、难点，重点突破，逐项解决。

一是扫清语言障碍，进一步融通各民族大学生交往交流交融的沟通基础。要进一步推广使用国家通用语言文字，出台具体帮扶措施帮助边疆少数民族学生扫清交往交流交融的语言障碍。

二是改善生活条件，进一步创设各民族大学生交往交流交融的现代场域。要进一步完善校园学习与生活配套设施，不断改善生活与学习条件，创设现代化的生活与学习空间，为各民族大学生交往交流交融提供公共空间。

三是强化品德教育，进一步提升各民族大学生思想道德素质和法治素养。优良的道德品质，能够让人们的社会交往更加和谐。民族院校的德育

工作，要把道德教育与政治教育、法治教育、安全教育等统筹协调、融会贯通，不可偏废，普遍提升各民族大学生思想道德素质，为普遍的交往交流交融提供良好的道德环境。

四是强化能力建设，进一步提升各民族大学生交往交流交融的基本能力。民族院校要充分重视各民族大学生的能力建设，搭建互动平台，形成常规机制，强化各民族大学生沟通交流的基本能力，切实将各民族大学生的交往交流交融意愿转化为交往交流交融行为。

五是强化知识灌输，进一步提高各民族大学生对中华民族“一体”与“多元”的认知水平。要让各民族大学生都能了解、掌握中华民族的发展历史和基本规律，了解、掌握各民族交往交流交融的历史、现实与趋势，为各民族大学生交往交流交融扫清知识障碍，为各民族大学生成为铸牢中华民族共同体意识的践行者、传播者奠定坚实的知识储备和理论基础。

（三）民族院校要以高度的行动自觉，构建各具特色、富有成效的中华民族共同体意识教育体系

民族院校要切实以各民族大学生交往交流交融为基本进路，强化顶层设计，可从课程再造、空间营造、典型塑造、平台建造四个方面着手，构建系统高效的中华民族共同体意识教育体系。

一是切实推进课程再造，发挥课程教学的阵地作用。首先，以铸牢中华民族共同体意识为主线的《中华民族共同体概论》为载体，丰富课程教学的内容，创新课堂教学的形式。其次，发挥思政课程立德树人的基本职能，将铸牢中华民族共同体意识融入思政教学。最后，立足课程思政建设，将铸牢中华民族共同体意识与专业课程教学相结合，全方位、全过程地铸牢各民族大学生的中华民族共同体意识。

二是积极进行校园空间营造，发挥校园环境的涵育作用。把象征中华民族共同体的符号展现出来，让各民族大学生都能从中产生“我是中国人”“我是中华民族的一员”的自觉意识。把中华优秀传统文化中的仪式展现出来，让各民族大学生都能从仪式活动中感受到中华传统文化的魅力，意识到中华文化的精神基因已经融入各族人民的血脉之中，从而增进

民族自豪感和认同感。把凸显中华民族一家亲的校园环境打造出来，校园内的公共活动场所命名为“民族团结广场”等，并醒目标识，把校园内的“民族文化长廊”更名为“中华民族长廊”，校园内的宣传栏要凸显“中华民族共同体”。总之，要把民族院校的校园打造为铸牢中华民族共同体意识的文化空间，让中华民族共同体的符号、仪式为各民族大学生看见、听到、记得，在潜移默化中铸牢中华民族共同体意识。

三是大力进行典型塑造，发挥榜样人物的引领作用。要创新形式，持续发力，善于讲好先进典型故事，让各民族大学生了解近代以来中华各族儿女为了民族独立与国家富强而奋斗的典型事迹和英雄人物，了解为了民族团结进步事业做出巨大贡献的先进典型，发挥榜样人物的示范引领作用。

四是大力进行平台建设，发挥青年学生的主体作用。青年人思维活跃，可塑性强。民族院校要善于为各民族大学生建设各类平台，发挥青年学生的主体作用。在校园文化活动中，让各民族大学生讲好民族团结故事；在社会实践活动中，让各民族大学生在鲜活的脱贫攻坚和乡村振兴实践中去感受民族团结的时代伟力。

四、结　语

铸牢中华民族共同体意识既是一个重大的理论问题，更是一个必须不断深化的实践问题。民族院校要以高度的政治自觉，扛起铸牢中华民族共同体意识的主体责任，通过扫清语言障碍，改善生活条件，强化品德教育，强化能力建设等具体措施促进各民族大学生交往交流交融向纵深发展，从课程再造、空间营造、典型塑造、平台建造等方面着手构建系统高效的中华民族共同体意识教育体系，铸牢各民族大学生的中华民族共同体意识。

卫所移民、社会流动与民族互嵌

——以湖广施州卫为考察中心

陈文元　杨小云[①]

在中国南方民族地区，卫所制度延续了很长时间，对各民族地区的发展产生了广泛而深远的影响。施州卫是明朝在南方民族地区设置的众多卫所之一，其移民主要是来自长江中下游一带的汉族。从明代到清前期的历史岁月中，卫所与土司在治理结构、政治身份、民族关系、经济方式、文化习俗等层面的交互，产生了卫所移民与当地民众形式多样的互动互融互嵌。因卫所制度初创的民族互嵌格局和清代改土归流后的“政治一体化”，深入推动了南方地区各民族的国家认同与民族团结。

关键词：卫所制度；汉族移民；民族互嵌；施州卫

学界对卫所制度的研究可谓汗牛充栋，诸多前辈时贤进行了旨趣各异的研讨，深入推动了卫所制度研究。已有的研究成果中，一些学者从王朝开拓、历史移民、边疆治理、民族融合等层面讨论了卫所移民的历史作用

① 陈文元，贵州民族大学民族学与历史学学院副教授；杨小云，贵州民族大学文物与博物馆专业硕士研究生。

与社会影响。[①]还有一些学者基于区域或个案，从民族互动、地区开发、文化交流、社会变迁等角度关注卫所移民的融入与互动。[②]具体到施州卫，范植清较为系统地论述了施州卫的建置、屯戍与民族融合。[③]这些成果或多或少涉及“卫所移民与民族互嵌”议题，但并无系统专论与微观考察。

“民族互嵌”看似是一个现代概念，却有着深刻的历史渊源。中国历史上的“民族互嵌”推动了中华民族共同体的形成与巩固。从明代实施并延续至清前期的卫所制度，是推进中华民族共同体演进的重要力量。不同于以往的军事屯垦移民，明代大量卫所汉族移民的永久迁入与融入，“他乡”变“故乡”，连接起“中原”与“边疆”，整合“主流”与“边缘”，对各民族地区产生了广泛而深远的影响。笔者粗略认为，明代数百万卫所汉族移民进入南方山地社会，形成了初步的“民族互嵌”格局。[④]笔者曾撰文简略讨论了“卫所移民与民族互嵌”的表现形式[⑤]，但并未基于个案进行深入探讨和分析。鉴于此，笔者结合前人研究成果，以施州卫为例，窥探明清时期卫所制度三百余年的历史脉络，阐发卫所移民的社会流动与融入过程，分析卫所制度与民族互嵌的形成过程、结构类型与文化内涵，以期为当前铸牢中华民族共同体意识提供“地方经验”和历史智慧。

---

① 仅以著作论，如翁独健：《中国民族关系史纲要》，北京：中国社会科学出版社，1990年；马大正：《中国边疆经略史》，武汉：武汉大学出版社，2000年；陆韧：《变迁与交融：明代云南汉族移民研究》，昆明：云南教育出版社，2001年；温春来：《从“异域”到“旧疆”：宋至清贵州西北部地区的制度、开发与认同》，北京：生活•读书•新知三联书店，2008年；杨洪林：《历史移民与武陵民族地区社会变迁研究》，北京：人民出版社，2019年；等等。

② 这方面的成果如史继忠：《明代卫所与清镇开发》，《贵州文史丛刊》1992年第1期；郭红：《明代卫所移民与地域文化的变迁》，《中国历史地理论丛》2003年第2期；邹立波：《明代川西北的卫所、边政与边地社会》，《西藏大学学报（社会科学版）》2012年第1期；肖晴：《明代的边疆卫所移民与地域文化记忆》，《中州学刊》2018年第8期；龙圣：《明代五开卫“华款”初探——兼论明代汉侗民族关系与文化交流》，《吉首大学学报（社会科学版）》2018年第6期；王泽琪：《卫所移民与边地社会：明代岷州卫的实践》，《社会科学论坛》2020年第6期；等等。

③ 范植清：《施州卫建置屯戍考》，《中南民族学院学报（哲学社会科学版）》1991年第5期；范植清：《明代施州卫的设立与汉族、土家族的融合》，《华中师范大学学报（哲社版）》1991年第5期。

④ 陈文元：《关于明清卫所制度研究的新思考》，《中国史研究动态》2020年第6期。

⑤ 陈文元：《论明代卫所制度与民族互嵌》，《广西民族研究》2020年第6期。

一、施州卫建制与移民构成

明朝建立后，组建军户征调大量男丁充实军伍，从沿海到内地，从腹地到边疆，均以卫所镇戍，寓兵于农，守屯结合。“明以武功定天下，革元旧制，自京师达于郡县，皆立卫所。”[①]伴随着明初开国军事建制深入地方与大规模的移民运动，洪武十四年（1381年）明廷设置施州卫，并不断完善建制。大量的施州卫移民于鄂西万山中驻扎生根，成为影响区域社会的文化群体。

（一）军政建制

洪武四年（1371年），明廷平定明夏政权正式接管湖广西部，但当时仅立施州，卫所系统尚未建立。为管控鄂西土司，经略边地，洪武十四年（1381年），明廷设立“施州卫指挥使司”，属湖广都指挥使司，时施州卫与施州尚同城而治。但此后土司时而“作乱”，为稳定地方，建立统治秩序，明廷于洪武二十三年（1390年）“省州入卫”，废除施州建制，改立“施州卫军民指挥使司”。“本朝洪武四年仍置施州，领建始一县，属四川夔州府。十四年（1381年）置施州卫指挥使司，属湖广都指挥使司。二十三年（1390年）割建始县隶夔，省州入卫，改施州卫军民指挥使司，属湖广布政司。领千户所三，军民千户所一，宣抚司三，安抚司八，长官司三，编户三里。”[②]明廷经过此番调整，施州卫成为既统辖土司，又兼理民政的军民卫所。

施州卫建立后，建制略有变动，据《清史稿》所载：施州卫“辖三里、五所、三十一土司：市郭里、都亭里、崇宁里；附郭左、右、中三所，大田军民千户所，支罗镇守百户所”[③]。施州卫所辖“三里”乃明初合并施州而来。相比一般卫所的五所建制，施州卫内统仅三所，“有左、中、

① （清）张廷玉等：《明史》卷89《兵一》，北京：中华书局，1974年，第2175页。

② （明）薛纲修，吴廷举续编：《湖广图经志书》卷20《施州卫》，嘉靖元年刻本。

③ （民国）赵尔巽等：《清史稿》卷512《土司一》，北京：中华书局，1977年，第14209-14210页。

右三千户所，有军兵四千六百七十九人”①，卫所建制与军队人数略低于常制。不过，洪武末年建立大田所，嘉靖年间又立支罗所，皆为施州卫外领。

大田军民千户所建于洪武二十三年（1390年），编户一里，初戍额1620名，其中调酉阳、平茶土兵1110名、施州卫左所汉军510名。“就留酉阳、平茶等司随征将卒一千一百一十名把隘守卫。土司乱发不常，复调本卫左所汉官兵五百十名兼同协卫”②，不过，万历年间已增至3127人③，可能是防止鄂西土司叛乱，增兵以扼其势。嘉靖四十五年（1566年），又增设支罗百户所，“四十五年题准支罗新旧二寨、改为守御百户所，官军就于施州卫三千户所摘拨屯种，以便弹压”④，官兵从施州卫原额中调拨。

卫所制度是明廷设置于地方的军事建制。即便是军民卫所，其立卫之本依然是军事镇戍与屯田。施州卫武备设指挥使、指挥同知、指挥佥事、千户、百户、总旗、小旗，以及大量旗官（军士）。卫指挥以下军官多世袭；文秩设抚夷同知、儒学教授、训导、卫经历。道光《施南府志》载明代时施州卫抚夷同知有28人，儒学教授43人，训导27人，经历33人。⑤不过此为流官性质，与施州卫官、军士的永久性移民不同。

（二）移民构成

施州卫“惟屯籍系明初调拨京省等地的军队”⑥，亦即军士多为外地汉族迁入。嘉庆《恩施县志》记载有13家世袭卫官：其中，7家来自南直隶（童、唐、周、陶、冯、马、石），3家来自北直隶（李、孙、杜），2家籍贯湖广（赵、邓），1家籍贯河南（孙）。如童氏，入卫始祖“童辅，合肥人，永乐四年调施州卫指挥，世袭佥事，辅传锺，锺传璋，璋传

① （清）张家檙等：《恩施县志》卷2《军置》，嘉庆十三年刻本。
② （清）张梓等：《咸丰县志》卷19《艺文志》，同治四年刻本。
③ （明）徐学谟：《湖广总志》卷29《兵防一》，万历十九年刻本。
④ （明）李东阳等：《大明会典》卷131《镇戍六》，正德四年刻本。
⑤ （清）罗德昆：《施南府志》卷19《官师志》，道光十七年刻本。
⑥ （清）张家檙等：《恩施县志》卷4《风俗》，嘉庆十三年刻本。

昶，昶传希禼，希禼传养廉，养廉传天宠，天宠传复元，传八世”①。嘉庆《恩施县志》前载“童昶”条亦有言及：“童昶，字明甫，本合肥人，其先人辅永乐四年调施州指挥世袭佥事，遂为恩施人。”②又如孙氏，入卫始祖“孙演，无锡人，洪武十七年调，传斌、启军、端、輗、竭、辅、继芳、光裕九世”；周氏入卫始祖“周斌，怀远人，洪武三十年调，传正、溥、椿、鹏、继志、一元、经、历久、历远十世”。③

大田所见志共有15家世袭官员：11家汉官中有6家来自南直隶（杨、蒋、徐、丁、梅、邢），3家来自湖广（舒、蒋、张），1家籍贯河南（耿），1家籍贯四川（田）。3家土官（冉、许、杨），均来自川南酉阳、平茶等地。另有1家籍贯不详（张）。如杨氏入所始祖，“杨公保，原籍江南淮安府山阴人，洪武二十三年调湖广施州卫大田所”；又如徐氏入所始祖，“徐腾达，原籍江南凤阳府人……随蓝玉征散毛诸峒。洪武二十三年官大田千户”④；再如耿氏入所始祖，“耿全，汝阳人，大田千户，传正、辉、忠、泰、杰、维城、良将八世”⑤。土官冉氏，“冉应义，原籍四川酉阳司宣慰使如彪之子，明洪武二十三年与弟应礼、应信随其叔如豹隶蓝玉军，征散毛峒有功，后如豹授施州卫指挥二十年，应义、应信俱授大田千百户等职”⑥。

从以上内容可知，施州卫移民多来自长江中下游一带移民，除大田所有一部分的军士是土家族外，其余均为汉族。虽说卫官籍贯与卫所军士不尽相同，但结合明代军伍属性，或有出入，大致如此。⑦明廷规定，卫所军士应娶妻生子，且需军余在营生理。以施州卫正军、军余、余丁及所属

① （清）张家檙等：《恩施县志》卷3《人物》，嘉庆十三年刻本。

② （清）张家檙等：《恩施县志》卷3《人物》，嘉庆十三年刻本。

③ （清）张家檙等：《恩施县志》卷3《人物》，嘉庆十三年刻本。

④ （民国）陈侃：《咸丰县志》卷11《氏族志》，民国三年刻本。

⑤ （清）张家檙等：《恩施县志》卷3《人物》，嘉庆十三年刻本。

⑥ （民国）陈侃：《咸丰县志》卷11《氏族志》，民国三年刻本。

⑦ 如利川朱砂屯《朱氏族谱》称：“洪武十三年，弟史致仕携家，由荆州石马头筲箕坳起岸，屯军于施州卫。”又，利川吴氏宗祠碑《原建宗祠记》记载：“吾吴氏派衍南京，族起句容……诸季仍居原郡，惟我恒祖，生应芳公，自明洪武十六年迁居湖广施州卫。”虽不能一一考证施州卫普通军士的来源地，但大抵“皆迁诸内地”无疑。

军眷五口计，则明初鄂西迁入有近3万汉族移民（第一代）。卫所军士隶军户，子孙需世代从军，因而卫所移民的人口是较为稳定和长期的。由明迄清，施州卫移民在鄂西万山间世代生息繁衍，久之形成了一个庞大的汉族移民群体。

二、移民社会流动与互嵌类型

明廷在土司地区增设卫所，移民屯戍，可谓向这些地区“直接治理”的方向又迈了一步。[①]从明初至清初，施州卫存续三百余年。[②]在这一长久的历史过程中，施州卫汉族移民与鄂西土家族开展了官方/民间、主动/被动、直接/间接等形式多样的互动互融，构成了多维度多层次的民族互嵌。

（一）治理结构

鄂西“外蔽夔峡，内绕溪山，道至险阻，蛮僚错杂”[③]，处在川、湘、黔交界，族群关系复杂，地方势力交织，是较难治理的地区。明朝建立后，明廷“以原官授之”，安置鄂西大小土酋，设置了众多土司。洪武十四年（1381年），照宋元旧制设立施州，“复置夔州府施州，以建始县隶之”[④]，施州属四川夔州府领县之散州，又置施州卫指挥使司，控蛮戍

① 赵世瑜：《卫所军户制度与明代中国社会——社会史的视角》，《清华大学学报（哲学社会科学版）》2015年第3期。

② 清朝建立后，施州卫依存南明政权以图存。1662年，南明永历政权覆亡，清廷消灭鄂西“夔东十三家”势力，于康熙三年（1664年）才正式接管鄂西。之后，废除施州卫的卫官、军户世袭制度，改设流官性质的守备、千总驻防，但保留施州卫建置，缓至雍正六年（1728年）裁撤。

③ （清）罗德昆：《施南府志》卷2《疆域志》，道光十七年刻本。

④ 《明太祖实录》卷137，洪武十四年四月辛卯条。

边。但随着土司反叛和施州几任知州被害[①]，为加强治理，整饬防卫，洪武二十三年（1390年）"割建始县隶夔，省州入卫，改施州卫军民指挥使司"[②]，施州卫成为既管军事又兼理民政的军民卫。州县、卫所、土司对应的是经制社会、屯堡社会、溪峒社会。此时的鄂西，腹心以施州卫镇戍，旁之有巴东县、建始县，清江以南诸土司分布，鄂西地域大致形成了由北向南依次分布的卫所、州县、土司互嵌式的治理格局。

洪武二十三年（1390年），鄂西爆发了更大规模的土司叛乱。明廷遣凉国公蓝玉攻克，增置大田军民千户所，属施州卫。"先是凉国公蓝玉奏：散毛、镇南、大旺、施南等洞蛮人叛服不常，黔江、施州虽有卫兵，相去悬远，缓急卒难应援。今散毛地方大水田与诸蛮洞相连，宜立置千户所守御。"[③]"施州卫是明朝控驭鄂西的实力中心，大田所是施州卫最重要的辅助力量。"[④]与施州卫治不同，大田所"于八面环夷腹心之中，紧扼诸司之口"[⑤]，植入土司治理核心地带。施州卫与大田所一北一南，屯田相交，防卫呼应，进一步控扼土司势力。

嘉靖年间，龙潭土司黄俊、黄中父子作乱。明廷平定后，黄中复叛。"（嘉靖）四十四年（1565年），诏川湖会兵夹攻，川兵进攻牛栏坪，湖兵自施州卫进，中由思南逃去，为楚军所获，川军捣其巢穴，支罗平。"[⑥]后增设支罗百户所。"中既平，割半置所立屯，以百户二镇之，为支罗镇守百户所。"[⑦]支罗百户所以二百户分别驻守，分为上、下支罗所。明中期以后，卫所军政废弛，屯政破败，施州卫自不例外。不过，支罗百户所的设立，一定程度上加强了施州卫西面的防卫，使其治理触角更深嵌入土司

① 设立施州的当年，"洞酋覃芳诸破州城，公（施州知州李才）与州同知孙明用、州判王杰、吏目李毓秀皆死"，又"胡士能知州，洪武二十年（1387年），安福蛮夏得忠引诸蛮攻城见害"。参见（清）张家檙等：《恩施县志》卷3《名宦》，嘉庆十三年刻本。

② （明）薛纲修，吴廷举续编：《湖广图经志书》卷20《施州卫》，嘉靖元年刻本。

③ 《明太祖实录》卷201，洪武二十三年闰四月丙寅条。

④ 范植清：《明前期对鄂西民族地区的治理》，《民族研究》1990年第1期。

⑤ （清）张梓等：《咸丰县志》卷19《艺文志》，同治四年刻本。

⑥ （清）顾祖禹撰，贺次君、施和金点校：《读史方舆纪要》卷73《四川八郡》，北京：中华书局，2005年，第3451-3452页。

⑦ （清）黄世崇：《利川县志》卷1《沿革表》，光绪二十年刻本。

地区。

不仅治理结构相互钳制，在土司社会治理结构中，映衬着州县、卫所管理系统。土司行政架构中有中央王朝委派具有流官性质的经吏、知事、吏目等。“置湖广容美、忠建、施南、散毛四宣抚经历、知事各一员。”①土司还效仿州县管理形式，在辖区设立土州、土巡检。鄂西容美土司就设置有芙蓉、大里和龙家坝三个土知州。土家族土司实行“兵农合一”的军事制度，以“旗”为单位来组织、管理土兵和征战，很可能是模仿卫所制度军队建置。②在与卫所的交流中，土司的基层建制与军事制度深受卫所制度的影响。

（二）政治身份

施州卫与土司是两个不同的政治群体，彼此的政治身份各不相同。卫所是中央王朝派驻地方的军事机构，卫所移民属王朝户籍管理中的“军户”，久之形成“屯籍”；土司是“朝廷命官”，所属土民不“编户齐民”，属于王朝统治界定中的“化外自治”。简言之，卫所与土司，军户与土民，两者之间的政治身份泾渭分明。

前文已述及，施州卫移民群体多来自长江中下游一带的汉族，他们所携带的文化、技艺、“奉旨镇守”的“皇命”与汉人身份，对王朝国家的政治认同，形成了一种政治资源与政治身份。在古代封建社会里，“汉人”“汉文化”的主流身份与主流地位相对于“蛮夷”而言是一种吸引。土司家族“造谱”现象可视为改变政治身份的表现。譬如鄂西田氏土司，“土司若忠峒、忠孝等宣抚司，多田姓，故田亦巨族，然皆土人。惟君（容美土司田舜年）先世系中朝流寓，不与诸田合族”③。容美田氏土司乃鄂西土酋，但自明代起田氏积极学习儒家文化，家族先后出现了9位文

① 《明太宗实录》卷55，永乐四年六月癸亥条。

② 田敏：《土家族土司兴亡史》，北京：民族出版社，2000年，第109页。

③ （清）顾彩：《容美纪游》，见《容美纪游》整理小组，高润身主笔：《容美纪游注释》，天津：天津古籍出版社，1991年，第3页。

人，并逐步将先系追溯为朝廷派驻地方、奉命平叛的镇守将军[①]，其目的自然是有着强烈的“脱蛮入儒”的文化理想和摆脱“蛮夷”身份的政治愿望。

相比于土司的积极靠拢，卫所移民则多半是被迫迁入。明代中后期，卫所屯政破败，卫官大肆侵占屯地，军士成为世奴，军屯上的生产关系是一种封建的奴役关系[②]。频繁的军事征调、繁重的差役与卫官腐化，而土司地区较低的赋税、差役，致使卫所军士弃耕逃往“夷地”。施州卫西面、南面与土司地区广为接壤，常常成为军士潜逃之区。“施州卫延袤颇广，物产最饶，卫官朘削，致民逃夷地为乱。”[③]卫所军士逃往“化外”的土司地区，成为“脱籍”“无籍”之人，其政治身份无疑发生改变。土司家族攀附历史名贤的“汉化”与卫所移民进入土司地区的“夷化”，是政治身份的转换与互嵌。

（三）民族关系

明廷在鄂西设置施州卫，重要作用是监控和钳制土司势力，卫所与土司是对立的关系。施州卫在与土司交界险要之域设置关隘，共计14处关口[④]，从军事上掌控与管束鄂西土司。军事上的对抗影响到民族关系发展，明初施州卫世袭指挥佥事童昶即称：“国朝设立关隘，把截甚严，至今尚传蛮不出境，汉不入峒之语”[⑤]。以此观之，除了官方性和军事上的交流与互动，卫所“汉地”与土司“蛮境”人群并无过多交往，彼此缺乏互动互

① 相关成果，参见雷翔：《土家田氏考略——兼评“造谱”现象》，《湖北民族学院学报（社会科学版）》1994年第3期；吴柏森：《容美田氏世系事迹述略》，《湖北三峡学院学报》1999年第1期；葛政委：《祖先再造与国家认同——容美土司〈田氏族谱〉和〈蹇氏族谱〉的人类学解读》，《三峡论坛（三峡文学·理论版）》2013年第6期。

② 王毓铨：《明代的军屯》，北京：中华书局，2009年，第287页。

③ （清）张廷玉等：《明史》卷310《湖广土司》，北京：中华书局，1974年，第5496页。

④ 所设十四关分别是：五峰关、东门山关、石乳山关、梅子关、铜锣关、老鹰关、深溪关、散毛关、土地关、野猫关、胜水关、虎城关、野熊关、野牛关等。参见：（明）徐学谟：《湖广总志》卷29《兵防二》，万历十九年刻本。

⑤ （清）李勖：《来凤县志》卷17《武备志》，同治五年刻本。

融的环境和空间。

不过，自明代中期起，卫所武备废弛，军士大量逃亡，边界模糊，防卫松散，“汉、土”互动日渐增多。而且，卫所军事职能退化，土司是卫所的重要倚赖对象，迫于战事压力，不得不征调土兵。“按明祖以土司滋扰，设卫广屯，欲使官省馈运，而人自为战也。其后兵不能卫民，反借民以卫兵，又借客兵以卫卫，则见于邹维琏之《志序》，是有卫而无兵矣！”①更甚地，卫官与土司交往形成利益关系，卫所与土司相互制衡的机制已遭到破坏，甚至土司外出劫掠，分赃卫官以求包庇：

> ……先年卫官犹畏国法，遵例钤制夷汉，不许出入，地方得宁。自正德年间蓝、鄢叛乱，调取土兵征剿，因而习知蜀道险易，熟谙州县村落，致惹后来不时出没为害，流劫地方，杀掳人财，奸人妻女，遂将所劫子女财帛，分送施州卫官，遂与土官习为表里，违制结姻，深为缔好，故纵劫掠，事无惮忌。名虽本管，实同窝主，乃至事发，上司委官提戡，该卫所员非惟占护不发，且又力为党蔽，捏文回护。昔年唐崖长官覃万金舍夷等，出劫黔江等七州县，众议调官军将首恶擒获，监卫辄又受财，朦胧卖放。近日散毛假土官副使黄廷表等，统领千人，劫杀掳掠，至今未擒拿，该卫仍复窝隐，不肯解发。②

明廷禁止卫官与土司联合，但土司的利益输送与卫官自身的腐化，使禁令似一纸空文，根本无法制止二者的勾结。卫官与土司“媾和”表明，相比明初施州卫对鄂西诸土司的防范与监控，此时双方已为政治同盟，结为姻亲，互相馈赠，形同一体。

不过，卫官与土司结交，只能表明卫所官员阶层与土司阶层对立关系发生改变，卫所军士与土民的关系又是怎样的呢？其实在民间，卫所军士与土民的交融无时无刻不在发生着。卫官的压榨、兵燹、生存空间狭小等使得卫所军士纷纷逃离卫所，去往他处谋生。而就在近处地广人稀、赋

---

① （清）罗德昆：《施南府志》卷16《武备》，道光十七年刻本。

② （明）刘大谟：《四川总志》卷16《经略志》，嘉靖二十四年刻本。

税、差役较轻的土司地区是他们重要的潜逃区域。这一情形在民间文献中颇有反映，施州卫军屯后裔的《焦氏族谱》有载："……于明太祖洪武辛酉年（1381年）拔湖广施州卫镇守，地名磨子岩，借住三载，四处访查落业之所，得南乡安乐屯焦八斗，甲子（1384年）秋遂搬此处，携家小一齐共坐。待至万历年间数载二百零有七，不幸于九君年间被残兵扰乱，庶民不安，喜得与唐涯司（唐崖土司）侯姓开亲结义，方得趋吉避凶，又有数十载矣。"[①]鄂西一些卫所移民遁入土司地区繁衍生息，后逐渐融入当地土民。

(四）经济方式

土家族长期以来采取的是游耕经济，[②]兼及渔猎采集。施州卫汉族移民群体主要来自长江中下游地区，他们的迁入为鄂西带来了较为先进的汉族农耕技术与耕作方式。卫官带领军士在鄂西山地开荒、屯田、兴修水利，清江沿线及其支流的河谷平坝地区开辟出了大片良田，推动了当地的农业技术革新与农业发展。不过，鄂西复杂的山地环境并不适宜广泛开展汉族农耕。如九溪卫麻寮土千户所山羊隘"军丁专以刀耕火种，所植惟秋粟龙爪谷而已……春来采茶，夏则砍畲，秋时取岩蜂黄蜡，冬则入山寻黄连剥棕。常时以采蕨挖葛为食，饲蜂为业……"[③]可见，施州卫移民迁入鄂西万山，大力发展农耕技术的同时，囿于地理环境与气候条件，适时采用土家族的生产方式是一个比较可取的选择，土家族原有的游耕经济依然长时间得以保存。

明代中后期，卫所军事职能退化，屯田时被土司侵占。施州卫隶属大田所，周边土司环绕，屯田侵占最为严重。"边境田地为施南、唐崖、散毛、木册、腊壁各土司占去不下百十余处。"[④]土司侵占卫所屯田后，募民

① 焦羽平：《焦氏族谱（修订本）》原谱序，1999年。

② 雷翔：《游耕制度：土家族古代的生产方式》，《贵州民族研究》2005年第2期。

③ 甄氏族谱：《山羊隘沿革纪略》，见中共鹤峰县委统战部等编：《容美土司史料汇编》，鹤峰县印刷厂，1984年印，第490页。

④（民国）陈侃：《咸丰县志》卷10《土司志》，民国三年刻本。

继续耕种，原来无地的卫所汉族军士成为招佃对象。相应地，土民也习得了卫所汉族移民的生产理念与土地开发技术，推动了当地社会的发展。根据杨洪林先生的研究统计，改土归流时，咸丰县官府勘出龙潭河北岸土司地区的水旱田竟比大田所屯田超过20%之多。①但龙潭河之北境大部分是高山、二高山地带，平地极少，开垦难度更大，表明至少在明末清初时，土民已经掌握了较为先进的农耕技术。

不过，土民积极吸取汉族农耕技术的同时，并不完全改变自身的耕种方式。譬如农作物种植，土民虽受汉族影响，将稻谷纳入主粮范畴，但原有的饮食体系与主粮结构依然长时间保持，并适时遵循地域环境种植农作物。“其田任自开垦，官给牛具，不收租税。民皆兵也，战则自持粮糗，无事则轮番赴司听役，每季役只一旬，亦自持粮，不给工食。在役者免出战，故人人便之。其粮，以葛粉、蕨粉和以盐豆，贮袋中，水溲食之；或苦荞、大豆；虽有大米，留以待客，不敢食也。”②可见，土民的主粮除了稻谷，还有葛粉、蕨粉、盐豆、苦荞、大豆等，这与卫所移民稻作农耕的粮食结构略有不同。总之，从经济方式与生产关系来看，基于地理环境与气候特征，在改土归流以前，施州卫汉族移民与鄂西土民在经济交流过程中形成了互构互嵌的发展态势。

（五）文化习俗

卫所汉族移民与土民的长期接触中，汉文化与土家族文化相互影响，出现了“汉夷互融”的现象。“卫所与土司并存，实际上是同一个区域内存在两种不同类型的文化。两种文化共存于同一个区域内，必然会发生对流和互动。”③施州卫驻地有三个千户所，还有原施州的三里编户，建有卫学、商贸集市，汉族移民居住地相对较为集中，加之汉文化的主流地位

---

① 杨洪林：《明清移民与鄂西南少数民族地区乡村社会变迁研究》，北京：中国社会科学出版社，2013年，第139页。

② （清）顾彩：《容美纪游》，见《容美纪游》整理小组，高润身主笔：《容美纪游注释》，天津：天津古籍出版社，1991年，第55页。

③ 段超：《元至清初汉族与土家族文化互动探析》，《民族研究》2004年第6期。

和向心力作用，具有较强的辐射效应，对周边土司地区产生不同程度的影响。弘治十六年（1503年），明廷又规定："以后土官应袭子弟，悉领入学，渐染华风，以格顽冥。如不入学者，不准承袭。"①朝廷明令促使鄂西土司阶层学汉文、习汉俗的范围进一步扩大。"古代土家族人名命名经历了有名无姓—汉姓土名—汉姓汉名的漫长历史发展过程。"②鄂西土司从明初"汉姓土名"到明末"汉姓汉名"的转变，体现了汉文化的渐进影响。

但鄂西在改土归流以前，土家族文化并非处于弱势地位，汉文化的影响主要存在于卫所驻地区域，深入土司地区，其影响力则较为有限。诚如明末邹维琏在《重修〈卫志〉序》中所言："去城（卫城）不数里，民则处于不华不夷之间。"③与施州卫驻地不同，大田所地处鄂西土司腹地，受土家族文化影响更为直接。前文已经述及，大田所官兵是汉、土军结合，汉、土军比例大致为1∶2。汉军人数偏少，又身处"夷地"，故而万历《湖广总志》在叙述大田所风俗时，即称："其风朴野，俗尚耕稼，土旷民稀，獠蛮杂处"④。"其风朴野"似乎表明原先汉军已经被"土家化"了。"文化互嵌主要表现为族际的共同性文化要素增多。"⑤不管是官方的还是民间的，主动的还是被动的，自明代中期以后，"汉、土"交流日渐频繁，卫所移民与土民在语言、习俗、宗教信仰、饮食、节日等方面呈现出"互相类似"的文化现象，形成文化互嵌。

三、卫所移民与民族互嵌意义审思

施州卫建立之初旨在"控蛮戍边"，但随着时间的推移，构建了以汉族为主体的民族凝聚核心，不同形式的互动形成了民族交融基础，治理与

---

①（清）张廷玉：《明史》卷310《湖广土司传》，北京：中华书局，1974年，第7998页。

② 陈廷亮，叶德书：《土家族土司人名训释》，《中南民族大学学报（人文社会科学版）》2015年第1期。

③（清）罗德昆：《施南府志》：重修《卫志》序，道光十七年刻本。

④（明）徐学谟：《湖广总志》卷35《风俗》，万历十九年刻本。

⑤ 杨洪林：《武陵地区历史上的族际关系及其影响机制研究——以明清时期为中心》，《中央民族大学学报（哲学社会科学版）》2020年第4期。

融入促进了民族社会整合。由明迄清，卫所移民与土民相互融入、彼此互嵌，渐成一体。

（一）构建民族凝聚核心

自秦汉以来，汉族不断发展，逐渐形成了凝聚核心。[①]从明至清，卫所汉族移民在长久的岁月中成为推进传统中国历史进程的重要“无形遗产”。“在增强我国各民族凝聚力的过程中，明代实行的卫所制度曾经起过不可忽视的重要作用。”[②]一方面，明廷建立施州卫，修筑卫城，兴办卫学，拓展驿道，开辟屯田，进一步确立了它作为鄂西政治、军事、经济、文化、教育的中心地位。大田所的驻地成为清代以及今天咸丰县的县城，同样构成了区域副核心。甚至诸多施州卫、大田所曰屯、曰堡的屯戍地，由于交通、地理与人口聚集，经过长久发展，形成商贸集市，今天这些地方多已发展为当地重要的乡镇。核心地位与资源优势使卫所汉族移民与汉文化成为边缘互动的凝聚群体与媒介。

另一方面，不同于以往的军事屯垦移民，卫所移民是“大范围、广纵深且长时段”[③]，程度远超前代。迁入鄂西的施州卫汉族移民选择交通要道、河谷、平坝、台地等地方驻防、屯垦，以“城”“屯”“堡”“寨”的形式围绕屯田分散聚居，于万山中如点、线般辐射穿插，或“民逃夷地”遁入土司地区，与土民村寨犬牙交错，形成社区“聚点”。这些“聚点”构成凝聚和联系的网络，使卫所汉族移民与土民逐渐形成不可分割的共同体。

（二）形成民族交融基础

创造民族互动的地域环境与空间结构是民族交往交流交融的前提和基

---

① 费孝通：《中华民族多元一体格局》，北京：中央民族大学出版社，1999年，第6页。

② 顾诚：《隐匿的疆土：卫所制度与明帝国》，北京：光明日报出版社，2012年，第91页。

③ 陈文元：《论明代卫所制度与民族互嵌》，《广西民族研究》2020年第6期。

础。“民族互嵌式社会结构可以为民族交往交流交融提供结构性保障。”[①]首先，施州卫所汉族移民迁入，使得原先鄂西由“土民”“土蛮”为主要构成的民族结构发生改变，近3万第一代卫所汉族移民及其后代生息繁衍，鄂西地域由“夷多汉少”变为“夷汉相间”。汉族移民与土家族组建成新的民族大家庭，彼此交互，改变了鄂西民族交往形态。

其次，施州卫汉族移民在山川林立、溪流纵横、地形崎岖的鄂西驻扎生根，以先进的文化与技艺，改变了当地的社会环境，基于权力结构变化、空间拓展情形与经济文化类型，影响着族际互动的频度与深度。经过三百余年的磨合，卫所与土司结为一体，移民与土民不断融合，削弱了各民族的离心倾向，为消除民族隔阂、实现民族交融创造了重要的历史基础。

最后，明代施州卫汉族移民迁入与融入过程，产生了施州卫城、大田所城以及众多屯、堡等，伴随着城镇的兴起、聚落的形成，是市场的形成、商业的发展，无疑给鄂西各民族营造了交往交流交融的空间。

（三）促进民族社会整合

建卫之初，州、卫同城而治，施州卫是比较纯粹的军事机构。但施州负责民政，辖建始县，所属编户为“里籍”，属四川布政司；施州卫负责军政，监管土司，所属军户为“屯籍”，属湖广都司。土民不编户，直属土司。而旁之巴东县属湖广布政司，整体行政区划与隶属关系较为混乱。洪武二十三年（1390年），明廷平定鄂西大规模土司反叛后，省州入卫，施州卫与巴东县同属湖广布政司，建始县划归四川夔州府。至此，施州卫成为军民卫，统领原施州民政与鄂西土司，结束了施州、施州卫二元治理模式，大体上实现了鄂西一元化治理，这一治理架构运行三百余年，推动了多民族社会的整合。

施州卫辖有“市郭里、都亭里、崇宁里”三里。村寨具体情形，按

① 郝亚明：《民族互嵌与民族交往交流交融的内在逻辑》，《中南民族大学学报（人文社会科学版）》2019年第3期。

嘉庆《恩施县志》所载："西南曰'市郭里'，村镇八：南屯堡、朱砂溪、芭蕉村、落坡村、军寨村、龙马村、屯堡、金子坝。北曰'都亭里'，村镇六：水田坝、三会驿、落业坝、马者村、木贡村、木抚村。东曰'崇宁里'，村镇十二：河水屯、三里坝、蒋家坝、滚龙坝、七渡溪、人山岭、花被村、落渡村、石板场、董家坝、马尾沟、杉木寮。"①其中，西南市郭里、北边都亭里与土民村寨都是深度接壤，形成交错杂居。与此同时，施州卫还辖有"左、中、右"三所屯堡，经过三百余年的发展，此处"三里"已是原施州卫内属三所屯堡军户和三里民户混合以后的乡村建制。并且改土归流后，都亭里及其屯堡大都并入利川县（今利川市），形成混合聚居态势。大田所紧邻土司地区，军户屯堡与土民村寨更是犬牙交错。从聚居、杂居到共居，社区结构进一步整合。

施州卫汉族移民多来自长江中下游一带，特别擅长山间沼泽地的开发和围湖造田技术，他们所拥有的小农经济生产模式与农业耕作技术推动了当地的农业革新，使原先遍布的渔猎采集、刀耕火种等经济方式一定程度减少，取而代之的是汉地农耕技术，经济生活更趋于稳定。

卫所移民不远万里世代驻守，繁衍生息，久之"他乡"变"故乡"。一方面施州卫基于自身的军政职能，积极开展社会治理与地域社会构建。明代中后期，随着卫所军户"民化"与"在地化"，这一过程是施州卫汉族移民的不断融入；另一方面，从明初的对立到明末的融合，既有卫官与土司结交、军事联合，也有经济方式与生产技术借取，更有不同程度的文化交流，这一过程是当地社会的接纳。卫所移民与土民相互依存、相互发展，进一步推动了"你中有我""我中有你"的民族发展格局。

四、结　语

明代的卫所制度，是从国家层面开展了一场声势浩大、影响深远的移民运动。但卫所制度所承载的不仅是军事移民，更不仅仅是一项普通的军事制度，伴随着卫所制度，还有人口体系、驻防屯垦、经济开发、社会治

① （清）张家檙等：《恩施县志》卷1《建置》，嘉庆十三年刻本。

理、城市建设、文化交流、社区互动、民族关系等，对各地的发展产生了重要的历史影响。这些影响，无不成为推进中华民族共同体演进的历史原动力。

施州卫的案例显示，卫所与土司介于不同情形、不同时期的交流与互动，在治理结构、政治身份、民族关系、经济方式、文化习俗等层面表现出卫所移民与土民形式多样的互动互融互嵌。施州卫只是明廷在南方民族地区设置的众多卫所之一，毗邻周边还有常德、永定、九溪、辰州、黔江等卫所。放眼整个南方，每省设卫不等，但少则二十余卫，多则三十余卫（行都司），这些成百上千的卫所与数百万移民汇聚，巩固了中央王朝的统治，稳定了地方，促进了民族融合，在长久的历史岁月中成为推进中华民族共同体进程的重要“无形遗产”。

明代在南方民族地区广设卫所，进一步将南方各民族纳入中华民族共同体的发展轨道。数百万卫所移民渗入南方少数民族聚居区，这一大规模的人口迁徙活动犹如点、线般自明初至清初在南方民族地区辐射穿插，构成凝聚和联系的网络，形成了初步的民族互嵌格局与民族交融基础，奠定了多民族联合的不可分割的统一体基础，即中华民族共同体。即便清朝康熙至雍正年间大范围裁撤了包括施州卫在内的众多卫所，但经过三百余年的历史积淀，因卫所制度而产生的人口结构、凝聚核心作用、多民族文化交流形态、各民族互动交融与共居模式却不能泯灭，这些影响构成重要的历史前奏，为清代雍正朝西南大规模改土归流做了铺垫，更使得改土归流“政治一体化”进程发挥了更大的社会效应，深入推动了各民族的国家认同与民族团结。

恩施古茶道与民族交融研究

何泽勋[1]

古茶道作为茶的贸易通道，同时也具备民族融合的作用。它的存在不仅推动了各民族经济文化的发展，还凝聚了各民族的精神，加强了各民族的团结。同时古茶道还是中国统一的历史见证，是民族团结的象征。本文就古茶道的历史成因与民族融合的关系进行了简单的梳理，并就恩施古茶道的代表线路与形成因素进行了介绍，对恩施古茶道对民族融合的历史影响和民族交流的作用进行了具体的论述，对恩施古茶道的历史与现实意义进行了讨论。

关键词： 恩施古茶道；民族交融；历史与现实意义

中国是茶的国度，由种茶、制茶、饮茶、用茶、颂茶等形成发展起来的中华茶文化，酝酿和萌芽于汉魏两晋时期，发展成熟于唐宋时期。著名社会学家费孝通认为，作为一个自觉的民族实体的中华民族，是经过几千年的历史过程形成的。它的主体是由许许多多分散孤立存在的民族单位，经过接触、混杂、联结和融合而逐渐形成的一个各具个性的多元统一体[2]。

茶在被中国人发现和利用的那天起，就与人生百态联系在了一起。在人类学家克利福德·格尔茨看来，文化概念实质上是一个符号学

① 何泽勋，中国作家协会会员、中国诗歌学会会员、中国民俗学会会员、中国国际茶文化研究会会员、中国茶叶学会会员、湖北省作家协会会员。

② 费孝通：《中华民族的多元一体格局》，《北京大学学报》1989年第4期。

（Semiotic）的概念，在以他为代表的符号人类学理论中，文化是使用各种符号来表达一套世代相传的概念，人们凭借这些符号可以交流、延续并发展有关的生活知识和态度[①]。

古茶道作为茶的贸易通道，同时也具备民族融合和交流的作用。它的存在不仅推动了各民族经济文化的发展，还凝聚了各民族的精神，加强了各民族的团结。同时古茶道还是中国统一的历史见证，是民族团结的象征。

一、古茶道的历史成因与民族融合的关系

中国古茶道的形成无疑是在唐代晚期开始的，唐蕃古道形成了古茶道的雏形。唐蕃古道是横贯我国西部，跨越举世闻名的“世界屋脊”，联通古代西部友好邻邦的“黄金路”，故亦有“丝绸南路”之称。唐蕃古道被称为中国古代三大通道之一，是藏汉友好的见证，是唐朝与吐蕃之间的贸易往来要道，更是一条承载汉藏交好、科技文化传播的“文化运河”。

随着东西部民族的频繁交流，茶也被带到了吐蕃等地，尤其是文成公主远嫁吐蕃，更是推进了饮茶习俗在吐蕃地区的快速发展。由于文成公主爱饮茶，嫁妆里自然也少不了当时作为贡品的茶叶，同时茶文化也随之传入西藏，并在当时的贵族间盛行，从此以后，饮茶习俗也在吐蕃流行起来，并以唐蕃古道为纽带，在周边地区得到了传播与发展。自此藏汉之间便开始了两地的茶马交易，唐人封演在《封氏闻见记》中描述了当时饮茶的盛况：“古人亦饮茶耳，但不如今人溺之甚，穷日尽夜，殆成风俗。始自中地，流于塞外”；“往年回鹘入朝，大驱名马，市茶而归”[②]。

当然唐代的“茶马互市”并未形成定制，真正形成“茶马互市”制度是在宋代，尤其是宋朝廷失去北部和西部广大草原地区后，一方面需要通过“茶马互市”获取大量马匹，同时还需要利用茶来笼络外族，“祖宗设立互市之法，本以羁縻远人”。因此宋朝廷将“茶马互市”政策视为关乎

① （美）克利福德·格尔茨著：《文化的解释》，韩莉译，南京：译林出版社，2014年。

② （唐）封演著，赵贞信校注：《封氏见闻记》，北京：中华书局，2016年。

国家安全的战略措施，每年经由“茶马互市”获得的马匹在3万匹以上，不仅获得了朝廷倚重的战马，而且从中获得了巨额税收。

元朝因其控制着蒙古高原的广袤草原，无须通过“茶马互市”获得战马，但仍保留着对茶的禁榷制度。据《元典章》载，元代榷茶提举司最多时共设十六处：杭州、宁同、龙兴、建宁、庐州、岳州、鄂州、常州、湖州、潭州、静江、临江、平江、兴国、常德府、古田建安。

明朝实施严格的“茶马互市”制度，这一时期的茶马贸易意义已超出经济范畴，而成为一种政治手段，明朝统治者利用茶马贸易巩固了其对西藏地区的统治，茶成为明朝廷牵制、笼络西藏僧俗首领的主要物品。

清朝初期，清政府仍然积极推行茶马贸易，只是到了康熙、雍正时期，马匹来源问题不再困扰清朝廷，“茶马互市”的重要性下降，康熙七年（1668年）以后，茶马贸易逐渐退出历史舞台。“茶马互市”的形成和发展，客观上促进了内陆和西北地区经济上的交往和繁荣，密切了汉族和藏、维吾尔、蒙古等西部少数民族之间的联系。

自唐宋以后因“茶马互市”而形成的古茶道，成为历史上内陆和边疆之间的主要贸易通道，在这些古茶道沿线涌现出来的城镇的辐射和带动下，周边经济、农业和手工业繁荣发展。此后绵延千余年的“茶马互市”成为连接汉、藏民族的重要纽带，成为两个民族间沟通联系并在情感和心理上彼此亲近和靠拢的桥梁。汤开建研究指出：“有宋一代，汉人与边境地区蕃族通婚的现象屡禁不止，而逐渐发展成为一种趋势。这种汉蕃杂婚、各族混居的现象在当时的西北地区已相当普遍，这种状况的持续，其结果必然是新的民族融合的出现。”①

19世纪，英国人就在其殖民地印度大力发展茶叶生产，为把西藏纳入其殖民地范围，向西藏倾销印度茶和锡兰茶，企图以此来取代中国内陆输藏的茶叶，从而割断西藏与内陆的联系，达到其分裂中国的目的，但因藏人习惯饮用内陆茶而接受不了印度茶和锡兰茶，致使英国人的企图无法得逞。所以说，历史上的“茶马互市”以及古茶道的形成，对促进中国

① 萧力争、朱海燕等：《茶与茶文化对中华民族融合的贡献》，《湖南农业大学学报》2011年第6期。

西部边疆的安定和稳固，对中华民族大家庭的和谐发展做出了历史性的贡献。

二、恩施古茶道的代表线路与形成因素

对于恩施地区，古茶道的形成更早，作为中国最早的茶树产地和饮茶文化的发源地，恩施地区依托长江水道和南北连接通道的地域优势，从远古时期就成为茶叶贸易的重要通道。这一茶源地的历史特征，加上作为自古重要的盐产地，使得恩施成为较为富庶的地区，奠定了其重要的历史地位。

据西晋常璩《华阳国志·巴志》记载："武王既克殷，以其宗姬封于巴，爵之以子。古者远国虽大，爵不过子，故吴、楚及巴皆曰子。其地东至鱼复（今四川奉节），西至僰道（今四川宜宾），北接汉中，南极黔涪（今重庆市黔江及贵州道真、务川等）。土植五谷，牲具六畜。桑、蚕、麻苎、鱼、盐、铜、铁、丹、漆、茶、蜜、灵龟、巨犀、山鸡、白雉、黄润、鲜粉，皆纳贡之。其果实之珍者，树有荔芰，蔓有辛蒟，园有芳蒻、香茗、给客橙、葵"[①]。

所以在西周初期，恩施的茶就成了贡品，通过秦巴古道传入西周王室。而在春秋时代，巴地的鱼凫工成为蜀地的统治者，将茶也带到了蜀地，后来蜀国和巴国先后被秦国灭掉，巴蜀两地的茶分别通过剑阁古道和秦巴古道开始传到了秦地，所以秦巴古道应该是先秦时期恩施茶的第一条古茶道。因此明顾炎武在《日知录》中云："自秦人取蜀而后，天下方始有茗饮之事。"

在汉代尤其是东汉，茶已经声名鹊起，而中国第一历史名茶就诞生在恩施的巴东。据成书不晚于东汉的《桐君录》载："又巴东别有真茗茶，煎饮令人不眠。"又据三国魏张揖《广雅》载："荆、巴间采茶叶作饼，叶老者，饼成以米膏出之，欲煮茗饮，先炙令赤色，捣末置瓷器中，以汤浇，覆之，用葱、姜、橘芼之。其饮醒酒，令人不眠。"而西汉的都城在

① （晋）常璩著，任乃强校注：《华阳国志校补图注》，上海：上海古籍出版社，1987年。

长安，所以恩施茶的运输古道依然是以秦巴古道为主，沿用了战国时的巴蜀茶入秦的路。但到了东汉时期，因刘秀取得政权定都洛阳，所以“巴蜀茶文化圈”的概念也转变为“荆巴茶文化圈”，运茶之路也从恩施转向宜昌再转往襄阳，这条茶路在当下被称为“施宜古道”。

中唐以前，巴地尤其是恩施地区和宜昌地区的茶还是主要的贡茶，到了中唐以后，随着《茶经》面世和贡茶制度的建立，恩施巴东所在的归州成为早期17个贡茶州之一。但在晚唐时期，受贡茶制度和交通的影响，要求春茶在清明前必须到达朝廷，因此长江中下游淮南地区因借隋唐大运河的运输便利，成为主要的贡茶区，而贡茶州也从当初的17州增长为40余州，当然恩施地区依然是主要的贡茶地区之一。

尤其是到了宋代，恩施的巴东不仅依然占据着贡茶州的名额，而且利川和周邻的部分地域还成为茶叶专卖区。据清徐松辑录的《宋会要辑稿》载：南宋绍兴年间（1131—1162）知忠州董时敏奏请“乞将本州管下龙渠县所产茶，依祖宗旧法免行禁榷”。由此可知，早在北宋时期，当时的利川茶区就是朝廷的专卖区域。所以当时的恩施茶不仅要自西向东通过施宜古茶道运送到当时宋代都城，还需要通过开夷古道自东向西送到奉节，因宋代离恩施最近的“榷茶务”所在地就是当时的夔州（奉节）。

所以在唐代以后，恩施古茶道的线路相对多了起来，主要有三条：一条是自南向北的秦巴古茶道，一条是自西向东的施宜古茶道，还有一条是自东向西的开夷古茶道，也就是当下从恩施到奉节的古茶道。元明两代基本沿袭了宋代的榷茶制度，但主要是以巴蜀地区的茶作为榷茶区，除了贡茶以外，其他的茶都是通过由东向西的开夷古茶道进行运送，用于“茶马互市”。

据清光绪《鹤峰州志·物产》“红茶”条载：“咸丰甲寅年（1854年），州人高炳之同众共议，请示设栈，多方经营，由是远客鳞集，城乡有食其利者，而财源渐开矣。邑自丙子年（光绪二年）广（东）商（人）林紫宸来州采办红茶。泰和合、谦慎安两号设庄本城五里坪，办运红茶，载至汉口兑易，洋人称为高品，州中瘠土，赖此为生计焉”[①]。

① 李超：《发掘宜红古茶道的当年意义》，《中国民族报》2018年第3期。

故而到了清代，尤其是鸦片战争后，随着《天津条约》的签订，宜都被作为租赁口岸开放，宜红茶也因交通更为便利而开始兴盛，而鹤峰作为宜红茶原产地，成了“万里茶道”的起点。所以历史上恩施曾经较为典型的主要古茶道，应该有四条：一条是自南向北的秦巴古茶道；一条是自西向东的施宜古茶道；一条是自东向西的开夷古茶道；一条是作为“万里茶道”起始段的鹤峰古茶道。

就恩施地区而言，因贡茶之故，早在先秦时期就有了古茶道，也就是通往陕西长安的秦巴古茶道。而在东汉时期，又增加了通往河南洛阳的施宜古茶道。在唐代贡茶制度后，“茶马互市”因民族的融合开始形成，尤其是在宋代“茶马互市”制度建立，自东向西的开夷古茶道开始兴盛。而到了清代，因“万里茶道”的形成，鹤峰作为宜红茶的主产地，集中了恩施红茶，成了万里茶道的初始地之一，也造就了鹤峰古茶道的形成。当然这四条古茶道只是恩施地区的主要茶道，其他茶道也有其历史作用和特点，无非没有如此典型而已。

三、恩施古茶道对民族交融的历史影响

恩施地区因其独特的地理位置，不仅成为长江通道的重要码头，也成为东西、南北重要的陆上通道。作为茶树起源地和饮茶文化的发源地，恩施地区的茶在古代有着举足轻重的地位，这从古代第一名茶诞生于巴东即可窥见一斑。同时由于巴蜀之地作为“茶马互市”的主要茶区，也促进了古茶道在恩施的快速发展，并最终影响了恩施地区的民族融合。

随着“茶马互市”成为重要的政治、经济手段，古茶道的社会作用也显而易见。同时由于古茶道的形成，沿途经济也得到迅速发展，很多人开始在路边开设店铺、旅馆和餐饮接待处，这些服务于过路商旅的地方俗称“店子”。店子文化不仅是古茶道重要的物质文化遗产，同时也产生了不一样的通道文化，就如现在的318国道一样，成为流动的沱江。当然古茶道的线路上也出现了很多中介和安保服务，这些服务都带有典型的区域保护性，所以也是川东、鄂西地区最早民间组织的雏形。

同时考虑到“茶榷”的利益不被侵犯，各朝各代都在其关键节点设置

了护卫的军队，这些军队在战时应召戍边，闲时便一边种茶、进行茶叶贸易，一边维护茶道通畅和护卫“榷茶”制度，成为最早迁入和落户恩施地区的外来人口。而这些因驻军发展起来的家族，很多都因历史原因成了后来羁縻制度和土司制度的恩施地方政权掌控者。比如容美土司的田氏、施南土司的覃氏。而且后来很多家族还成为恩施古茶道建立的重要原因，比如鹤峰容美土司的田氏，正因为重视茶叶生产和贸易，加强与中原地区的文化交流，才促使了鹤峰古茶道的形成。

“茶马互市”制度发展到明代中晚期，茶叶商帮开始成为重要的贸易力量，这些茶商不仅抱团深入茶区进行投资，同时成为控制茶叶运输的重要群体。这些商帮的发展和军事力量一样，不仅带来了巨大的人员流动，也成为民族交融的重要历史原因。

梳理恩施古茶道对民族交融的影响，在唐代以前的茶叶运输中产生的民族交融，却与唐代后“茶马互市”的民族交融有着明显的不同。从上文的介绍中我们可以看出，首先是巴人西进，不仅统治了蜀地，还为蜀地带去了茶。当然还有巴人东迁到鄂东，也带去了茶叶种植和饮茶文化，因没有文献佐证，“巴茶入楚”因巴人东迁只能算是一种猜想，缺乏证据支撑。但群体的迁徙无疑是带动种茶技术、制茶技艺和饮茶文化传播的重要途径，其作为古茶道最重要的人文价值却是毋庸置疑的。

这一历史现象是巴人将茶带到其他地方，并在蜀、楚两地开始流行，同时巴人也开始融入其他地区的民族中。到了唐宋时期，随着“贡茶制度”和“榷茶制度”的建立，加上唐代“茶马互市”开始兴起，恩施地区古茶道的通道效应也得到了正视，从而导致其他地区的人群大量进入恩施地区，并与恩施本地人进行融合，成为唐后尤其是明清时期恩施民族融合的重要历史现象。

恩施古茶道在形成过程中，不仅成为“茶马互市”重要的贸易通道，同时也成为官宦、商贾和移民流动的重要通道。当时因为长江三峡暗礁众多，水道安全得不到保障，很少人尤其是携带贵重物品的人会选择长江行船，大都是改为陆路靠人力运输，这不仅给这些古茶道带来了巨大的人员流动，同时也让很多前来做茶、购茶的人选择前来恩施定居，并成为早期的移民。

其中，具有代表性的是南宋后期的蒙古军队、明代晚期的江西商帮和清代广东商帮以及湖南、贵州的苗族和其他民族，这些人群进入恩施，基本是沿着古茶道进入，同时很多来人的目的还与茶有关，比如江西会馆的落户和黔地苗族、侗族等少数民族的迁入。

蒙古军队主要是驻守通道，保证入川和进军西南军队的通道畅通，而这些通道大多就是宋代入川的古茶道和盐道，所以至今恩施地区很多产茶的地方都以屯为地名，比如利川团堡的朱砂屯、恩施市屯堡镇等，都是以蒙古语言习惯而命名。当下恩施不仅蒙古族的人口不少，而且还有蒙古族聚居的村落。

江西商帮大多是在明代中晚期进入恩施的，主要从事茶叶的收购和运输，而且很多江西人都留了下来，与本地人通婚，成为恩施人。恩施地区很多偏远村落的小镇上还保留着江西会馆的遗迹，比如毛坝镇善泥村的江西会馆至今保存较好。

贵州的苗族、侗族、畲族和壮族大多在明初和清代中期进入恩施，主要是两个方面的原因，一方面是躲避兵祸，开始进入恩施地区种茶、制茶，另一方面是进行茶叶贸易。这些人要么家族是茶商，要么是种茶的茶农，进入恩施主要也是从事茶叶行业。比如恩施玉露的清代祖师蓝耀尚，就是从贵州进入恩施，以种茶和制茶为业。而利川毛坝、文斗等很多做茶的家族，比如冉、杨、田氏等，也是从贵州的铜仁、湖南的湘西或是常德等地迁入恩施地区，主要也是从事茶叶种植、加工和制作。

这些人沿着古茶道，追寻到恩施这个茶源地，部分人达到商业目的后离开了，但很多人留了下来，最终成为恩施地区的“本地人”，与当地人开始通婚，最终融合在了一起。这些迁来的人不管是出于什么原因，都是踏着古茶道进入恩施地区，并在长期的民族融合中，不管是语言、服饰，还是生活习惯都渐渐趋同。

如今的恩施地区不仅居住着土家族、苗族、侗族、白族、蒙古族、回族等28个少数民族，同时这些民族在长期的融合中，已经形成了一个多民族的大家庭。

四、恩施古茶道对民族交融的作用

古茶道所体现的“通道效应”，不仅在民族融合层面，更多的是对民族交流的作用，而且主要在文化和经济交流方面。因此，当下的恩施凝聚的是巴楚、巴蜀文化的历史，体现了民族语言、服饰、建筑和原始宗教信仰等文化的交流和融合，成为长江流域民俗文化的“存储器”。

首先是对恩施方言体系的影响。恩施地区不仅集中了古江汉方言、川东官话、湘西方言和黔北方言，还有古彝语、苗语、侗语、壮语和蒙古语、满语等，同时在恩施的方言体系中，还保留了很多古汉语的入声，部分地方还有客家话方言。可以说每个镇、村都有其方言特色，而且在不断的融合中，还延伸出很多新的方言文化。这让恩施的方言体系不仅复杂、丰富、多维，而且也侧面反映了民族大融合的语言特征。

其次是对恩施建筑文化的影响。恩施地区原本在很长的时间里都保留着干栏式建筑，继承了上古“巢居”建筑的特点，吊脚楼尤其是恩施地区建筑的代表。但随着文化的交流，很多地方都出现了江南庭院式、徽派风火墙和干栏式建筑等建筑样式的融合体，就像利川市柏杨坝镇的大水井古建筑群，不仅有着干栏式建筑特色，还融合了徽派的风火墙和江南庭院式的建筑风格，同时其梁顶还有北方“榫卯”五层顶式建筑结构，更融合了拜占庭门墙的设计方式，可谓集东西方建筑之大成，被称为建筑史上的史诗。

再次是对恩施服饰文化的影响。服饰是一个地区或民族的显性特征，恩施地区经过长期的民族融合，形成了不同于其他地区的民族服饰习惯。恩施土家族的服饰体系，在长期的民族融合中受其他民族服饰影响，吸取优点，最终形成了“侗帕苗衣”的服饰特色。苗族服饰与贵州、云南等地也不同。恩施地区的苗族服饰相对简洁，主要是以黄、红、青三种布料颜色为主。银饰也多不用苗银，而是用纯度较高的原银，饰品也不如贵州、云南的复杂，装饰会用很多花卉的图样。侗族、瑶族和壮族的服饰也多受苗服、汉服等服饰的影响，相对简化和融合其他民族服饰的特点，形成了独特的地域特色。

在民间艺术和地域民俗方面，因恩施地区处于中国西部东西南北的古茶道上，在古代与中原地区和西部地区交往较多，再加上长期的民族融合，所以其民间艺术既保留了巴地的文化特征，又有着蜀、楚两地的地域特征，更融入了长江中下游地区和北方地区的民间艺术和地域文化。

从民间歌舞的呈现，尤其是当下的恩施茶歌、茶舞，恩施地区不仅保留了唐代以前的《竹枝词》，还保留了具有典型山脉文化特色的峡江、喊山、抬工“号子”，同时融入了江南地区的《采莲调》、江北地区的《花鼓调》。比如《采莲调》是由鄂东和江西九江等地的茶商带入恩施，流行在建始一带的《六口茶》与北方的花鼓戏有着很强的联系。

恩施地区的民间文化分为北四县、南四县两种明显不同的民俗风格。北四县受长江通道的影响，其古茶道连接陕、豫两地，其民俗文化更靠近江汉平原和秦巴一带的文化，而南四县因毗邻古代的川东地区，又与湘西和黔北邻近，古茶道主要是连接湖南、贵州和四川，所以其民俗文化中的元素融入的湘西、黔北和四川民俗较多，形成了恩施地区“南歌北舞”“南壮北柔”的民间歌舞特征。

在民间信仰方面，恩施地区因古茶道的通道效应，也是纷繁多彩，保留了巴地文化的很多内容。

保存在恩施地区的众多民间茶俗，因古茶道的民族交往交流交融而体现得更为淋漓尽致，不仅土家族融合侗族的“三杯茶”，经过长期的历史演变，最终形成了土家“四道茶”的茶文化。同时唐代以前的饮茶方式，在各民族间得到和谐统一，最终形成了恩施油茶汤独特的饮茶文化。流行在恩施地区的罐罐茶、吃茶、送茶、传茶等茶俗，也是众多民族茶文化交流的成果，在恩施地区被完整地保留下来，是古茶道上民族交往交流交融产生的文化瑰宝，成为中华茶文化的非物质文化遗存。

在经济方面，尤其是明清时期，因古茶道的发展，很多茶帮开始进入恩施地区，较为典型的是明末清初的晋商和徽商；在清代中晚期主要因宜红“万里茶道”在恩施鹤峰等地区的发展，粤商和赣商也大量进入，不仅成为恩施地区经济发展的重要力量，也改变了恩施地区的经济格局。

据清同治《宜昌府志·物产志》记载：“（鹤峰）州中产茶甚多，其味较佳于他邑，近有茶行数家，荆襄人多入山采买。”又据《湖北茶业贸易志》载：“清道光（1821—1850）年间，广东茶商钧大福，带领江西技工到五峰渔洋关传授红茶采制技术，设庄收购精制红茶，运汉转广州出口。咸丰甲寅年（1854年）高炳三及光绪丙子年（1876年）林紫宸、泰和合等茶商（均为广东帮）又先后到鹤峰县改制红茶，在五里坪等地精制”[①]。

另据《湖北省志·贸易志》载：“1933年前后，湖北省银行多次带领江西、浙江、汉阳等地的茶商和制茶技工，来渔洋关开设茶号，并将红茶定名宜红茶，随后，石门、鹤峰、巴东等地茶叶以及长阳、清江（恩施）南部生产的红茶粗制品，运到渔洋关加工精制。”这些经济组织的进入，不仅带动了恩施近现代茶产业的发展，同时也带动了恩施本地经济组织的发展，比如芭蕉的蓝氏、鹤峰的高氏等都是因外商的进入，开始组织本地力量介入茶叶商号的经营。尤其是芭蕉蓝氏，与襄阳、酉阳、邵阳等地的茶商共营，有茶出“三阳”之说，同时还在清代晚期成立了恩施第一家茶叶企业。

古茶道的发展，不仅成为恩施地区民族文化交融的通道，还成为恩施地区经济发展的通道。不仅带动了恩施本地茶叶品类和品牌的发展，还带动了制茶技艺和茶叶种植的快速发展。既奠定了恩施作为湖北重要茶区的地位，同时还体现出恩施作为茶树源地和饮茶文化发源地的历史影响。

五、民族学视野下恩施古茶道的历史与现实意义

对于恩施地区，古茶道源起于远古时期，形成于唐宋，最终在明清时代发展到成熟，而且四条古茶道也成为恩施地区的主要交通要道，并成为恩施地区政治、经济和文化交流的重要通道。这些古茶道的形成与发展，不仅让恩施优美的自然风光和独特的民风民俗展示在世人面前，同时还让恩施地区融合巴、楚、蜀文化，使各民族的茶文化得到彰显，成为恩施地区独特的民族交往交流交融的重要载体。

古茶道把世界上茶的起源中心、最早栽培利用茶叶的地区和日常生活中离不开茶的民族连接在一起，拥有极其丰厚的茶文化积淀，在中国茶文化史上占据着非常重要的位置。恩施作为茶树源地和饮茶文化的发源地，

① 邓辉：《容美茶的历史初探》，《三峡论坛》2018年第5期。

从贡茶开始到茶叶贸易的发端，就将恩施和周边楚蜀茶区以及大量使用茶的西北和北方地区联系起来。同时随着古茶道的发展，鄂豫皖等地的茶商也开始进入恩施，让恩施的民族文化除了融入楚蜀文化和西南少数民族文化以外，还融入了淮南地区和秦汉地区文化，使得恩施的茶文化以及民族文化呈现出丰富多彩的形态。

古茶道的网络性和民间性，极大地推动了恩施民众参与到古茶道的建设和发展中，古茶道融入了较多的民间民俗文化，让恩施地区的民族民俗文化通过古茶道传播到了外面，同时也吸引了外来民族民间文化融入恩施的民族民间文化中。古茶道在民族交往交流交融中的纽带作用，促进了恩施地区民族民间文化的融合发展，并极大地推动了恩施地区的社会发展。

古茶道的形成和发展，使得恩施地区政治地位得到提升，尤其是明清以后的军事要塞的作用得到重视。在民国时期，恩施地区的古茶道承担了大后方转移的通道作用，以及作为抗日战争时期的天然屏障，具有极其重要的历史意义。

研究恩施古茶道，不仅是体现在民族交往交流交融层面，正如刘礼堂所说："历史上茶马古道是中国西南地区民族经济文化交流的走廊，对维护祖国统一、巩固国家边防安全有着重要意义。"① 今天研究恩施古茶道这一交通网络，就是要将它的发展历程、基本线路、贸易情况以及相关遗产保护等问题一一厘清，这是研究古茶道的学术价值所在。

古代的恩施各民族为我们留下了古茶道这一宝贵的历史文化遗产，我们应当去收集、整理和解读它们，借助这些资料去还原茶马古道的历史现场，呈现古道的风采，这是历史研究的应有之义，也是研究古茶道的现实意义。

恩施古茶道的研究，有助于弘扬恩施地区独特的历史文化内涵，比如恩施地区的服饰、语言、建筑和独特的茶文化，都可以作为一种文化资源，成为推动恩施地区经济贸易和社会发展的重要助力，从而促进恩施地区的整体发展。

恩施古茶道本就有着优美的自然风光，承载着独特的民族风情，又传

① 刘玲娣：《论茶马古道的历史意义与民族精神》，《保定学院学报》2014年第1期。

播着恩施地区独有的茶文化及民族民间文化，对古茶道的发掘和研究，不仅可以展示其作为通道的文化性，还能延续其通道的经济性，让其成为重要的旅游资源和“茶旅”融合发展的地接资源，成为当下旅游经济的主要内容。

恩施古茶道的文化遗产和自然资源，让人不仅可以领略古茶道的奇绝壮丽，还能体会古茶道丰富无比的文化意蕴，认识和了解沿线淳朴多姿的风土民情，体味沿线民居、服饰、语言、信仰等多元性、原生性的文化特点，寻觅多民族异彩纷呈的代表性文化，追寻古代商旅的足迹，感受人生的真趣。

随着对古茶道的历史文化研究和旅游开发，它将对恩施及周边地区经济社会的发展起到更好的促进作用。正如阳耀芳研究茶马古道时所说：不久的将来，人文荟萃、自然奇绝的“茶马古道”作为人类文化交流的活化石和物证，必将成为继“丝绸之路”之后的一个全新亮点，成为中国最富魅力、最具潜力的黄金旅游热线之一。

当然，研究恩施古茶道不能仅局限于民族学的视野，还要从人类学、历史学和政治经济学的角度去进行研究和发掘，从而让恩施地区的古茶道多维度体现其历史价值和现实性，能够让其承载的历史文化资源和蕴含的文化软实力，真正成为恩施地区政治、经济和文化发展的有效力量。

流官的凝视：南方少数民族国家认同的方志文本叙事研究

——以同治和民国《咸丰县志》为中心

严　冬　李　然[1]

由流官主持编修的方志以地方官绅的视角叙述着地方社会的国家认同。同治版与民国版《咸丰县志》都通过“礼仪标识”书写当地民众的国家认同，即以典礼仪式的叙述、“旌表”标识的突显、风俗教化的书写、节日礼仪的涵化四个方面叙述民众的中华文化认同；以对王朝历史的强调、从地名标识书写归附、以权力标识书写规训三个方面叙述民众对国家权力的认同。方志文本关于少数民族国家认同的书写，是地方官绅与民众凝聚共识的文化实践，体现了中华民族从“自在”到“自觉”的历史记忆。这种历史记忆具有超越时空的延展性和稳定性，为中华民族的“自觉”提供了社会情感基础。

关键词： 国家认同；方志；文本叙事；《咸丰县志》

① 严冬，新疆农业大学马克思主义学院讲师，中南民族大学中国少数民族史博士研究生；李然，中南民族大学民族学与社会学学院教授，博士生导师。

前 言

方志，作为“记载某一地区历史、地理、社会风俗、物产资源、经济文化等方面的综合性著作”[①]，既是国家规定、倡导兴修的官方文献，同时也是一种由地方官绅实际完成纂修的地方文献。它的这一独特文本特性，使其在历史层面连接着王朝与地方，在对地方历史进行全面记录的同时，其制式化的编纂也是地方历史融入中华历史的重要体现。从文本结构来看，方志在条目设置、内容取舍、话语表达等方面均受正史影响，方志中的族群书写发生从“控驭”到“认同”的转向，其书写具有存史、资政、教化等重要作用，对于宣扬国家一统、加强边疆治理、促进民族团结意义重大。[②]方志以地方精英视角生动展示了地方文化实践历程，其中关于少数民族的记述表明，每个民族都有讲述自身参与中华民族共同体历史的方式，“南方族群也在长期的族群接触与互动过程中，不断地建构其自身文化的正统性与多元性的表达”[③]，士绅学者结合的方志修纂共同体以及国家意志、地方政府和宗族需求缠结博弈的利益网络共同完成了建构地方文化传统的功能[④]。从文本叙事的角度来看，方志“既是南方各民族民族团结和国家认同历史记忆的精神产品，也是各民族和衷共济、和睦共处、和谐发展，共同维护大一统的认知模式和表达模式”[⑤]。方志，作为一种能够被大众共享的文本，在其传播过程中存在一个作者与读者进行的书面交流过程，此过程的实质不仅是读者对方志所述地方的认知，同时也是作者对地方历史的移植和再生产的过程。开展方志文本研究，能够透过表面文字挖掘方志背后的国家意志、民族互动关系以及地方价值判断。

近年来，学界利用方志研究民族地区的国家认同，取得了丰硕的研究

① 仓修良：《方志学通论》，上海：华东师范大学出版社，2013年，第5页。

② 秦浩翔：《从“控驭”到“认同”：明清时期广西地方志的族群书写》，《民族论坛》2021年第2期。

③ 张先清、杜树海：《移民、传说与族群记忆——民族史视野中的南方族群叙事文化》，《厦门大学学报（哲学社会科学版）》2012年第4期。

④ 陈野：《建构文化传统：中国方志的深层功能》，《浙江学刊》2021年第1期。

⑤ 李然：《南方少数民族民族团结与国家认同典型叙事类型研究》，《中南民族大学学报（人文社会科学版）》2017年第5期。

成果。一些学者从地方视角出发，分析王朝国家与地方社会长时段的互动关系，以此探讨民族地区国家认同；[①]另有学者关注方志中的社会记忆，从文本出发，分析民族地区的国家认同意识；[②]还有学者分析方志对族群的分类方式，认为方志书写融入了时代观念，而这本身就是各民族在长期交往交流交融后对国家认同的具体体现。[③]

本文以清同治四年（1865年）和民国三年（1914年）编修的《咸丰县志》为例，对晚清、民国时期的两版县志文本进行分析，以习近平总书记提出的“四个共同”[④]重要论述为指导，考察地方“礼仪标识”中的国家认同，总结方志对民族地区国家认同的文本叙事内在逻辑，在此基础上发掘近代中华民族“自觉”机制，以期为铸牢中华民族共同体意识提供一点历史参照。

一、方志编修的历史背景

在分析两版县志关于当地国家认同的文本前，需要了解文本的撰写背景及其隐含的写作目的。这并不是要在两版县志之间分出优劣，而是对史料文本进行“田野调查”前的田野背景介绍。正如王明珂所说：“结合人类学的历史研究，简单地说，便是将历史记载当作田野报告人的陈述，以人类学家田野调查的态度进入史料世界之中。”[⑤]在进入两版县志的“田野”前，需了解它们被创作之时的历史背景。

咸丰县现隶属湖北省恩施土家族苗族自治州，地处鄂渝省际接合部和

---

① 温春来：《从“异域”到“旧疆”：宋至清贵州西北部地区的制度、开发与认同》，北京：社会科学文献出版社，2019年。

② 田敏、安志强：《从历史记忆到当代展演：唐崖土司田氏夫人遗产及其开发中的国家认同》，《贵州民族研究》2021年第4期。

③ 贾益：《元明清云南方志中“百夷”等称谓的流变》，《西南民族大学学报（人文社科版）》2017年第9期。

④ 《在全国民族团结进步表彰大会上的讲话》，《光明日报》2019年9月28日。

⑤ 王明珂：《华夏边缘：历史记忆与族群认同》，上海：上海人民出版社，2020年，第132页。

交通要道上，“外而毗连黔蜀，内而锁钥荆襄，亦属重地也”①，“明为大田军民千户所，属施州卫。康熙时改设巡司。雍正六年属恩施县。十三年置县，以唐崖、龙潭、金峒三司地益之”②。由于土瘠、民贫、兵燹等多重因素的影响，该地长期没有方志③。直至清同治四年，当地流官才主持编修了第一部县志。需要注意的是，在此前一年，即同治三年（1864年），湘军攻陷天京，太平天国运动失败；在此前三年，即咸丰十一年（1861年），慈禧发动辛酉政变，洋务派走上历史舞台。同治版县志（下文简称“旧志”）即是在此历史背景下完成撰修。同时，县志序言也点明了编纂初衷。时任咸丰县令的张梓因“大宪汇修省志，饬取各属志乘，以备考核”④，才组织当地士绅撰修县志。该版县志不仅是为完成省志编纂任务的成果，同时还要凸显“我圣天子深仁厚泽，恩膏下逮，重熙累洽”⑤的盛世景观。

民国三年，咸丰又有一部新的县志付梓（下文简称“新志”）。从条目设立、文本内容来看，新志不是在旧志基础上的续写，而是重写。重写县志主要有以下三点因素。第一，新志作者徐大煜认为旧志的质量不高。徐大煜提出旧志“意在早观厥成，应上游之征取。而明府（指旧志监纂张梓）又以入资得官，故于分纂分校等事，多假手幕吏”，并对旧志给出“祸梨灾枣”的评价。⑥第二，新志成书于辛亥革命刚胜利的革故鼎新之际。虽然新志于民国三年面世，但书稿“约计经始于壬子（1912年）夏五月，

---

① 咸丰县史志办公室编校：《咸丰县志校注》，恩施：咸丰县史志办公室，2012年，第6–7页。

② 赵尔巽撰：《清史稿》卷六十七《地理志十四》，北京：中华书局，1977年，第2183页。

③ 据同治版《咸丰县志》载：“刔前明童志，废于兵燹，拈毫濡墨，无从考证”。见（清）张梓监纂，咸丰县史志办公室编校：《咸丰县志校注》，咸丰县史志办公室，2012年，第10页。由此可知，明代童昶所著《大田所志》没有留存。

④⑤ 咸丰县史志办公室编校：《咸丰县志校注》，恩施：咸丰县史志办公室，2012年，第4页。

⑥ 咸丰县史志办公室编校：《咸丰县志校注》，恩施：咸丰县史志办公室，2012年，第242页。

脱稿于是年秋九月”①，其完成时间是民国元年，“矧今值光复时代，奠共和国基，凡所撰述，尤应于纪录之中，默示更新之作用乎”②。

第三，以徐大煜为代表的咸丰地方精英不愿再被称为“蛮夷”。这一点在新志自序的开篇体现得尤为明显：

“窃怪施南疆域，扼楚蜀之腹心，当陕黔之冲要，何以多历年所风气自为，致令有国家者，羁縻视之，等于荒徼蛮苗之壤也？又窃怪乎正史之纪载，志乘所援据，亦以羁縻远陬视之……见闻较博，考证较多，乃知正史不尽足信，而吾郡邑旧志笔削之权，类由外来官吏主之，即有一二巨绅老儒参预其间，有蹈常袭故，徒任抄胥，卒未遑博考穷搜，以纠前人之误……至若同处内地之中，未负猾夏之咎，无端书蛮书苗，肆其尊己卑人……”③

徐大煜不仅是咸丰本地人，举人出身，同时还曾被清廷派遣留学日本，见识颇多。徐大煜认为正史不足尽信，需要否定正史中的一些记录，同时认为过去方志多由外来官吏主导编纂，虽然其间也有当地士绅参与其中，但并没有认真考察史料的真伪，从而不断重复前人的观点，以致给世人造成此地依旧是蛮荒之地的刻板印象。文本透露出其对家乡长期被“无端书蛮书苗”的强烈不满。

新志虽由咸丰本地人撰写，却得到了当地主政官员的大力支持。时任咸丰知事的陈侃评价新志“先得我心，良用欣慰”，认为新志能“破前人陈腐之见，启乡人爱国之心”，在卸任咸丰知事前组织筹集刻板印刷资金并为其作序。④

① 咸丰县史志办公室编校：《咸丰县志校注》，恩施：咸丰县史志办公室，2012年，第243页。

② 咸丰县史志办公室编校：《咸丰县志校注》，恩施：咸丰县史志办公室，2012年，第242页。

③ 咸丰县史志办公室编校：《咸丰县志校注》，恩施：咸丰县史志办公室，2012年，第241页。

④ 咸丰县史志办公室编校：《咸丰县志校注》，恩施：咸丰县史志办公室，2012年，第239–240页。

二、“礼仪标识”中的中华文化认同

国家认同虽是一个现代政治学概念，但并不意味着古代社会没有国家认同。“‘古代国家’中，人们对国家的认同可以说完全基于人们所秉承的共同文化，人们对自身族群身份的认同与其对国家的认同具有内在一体性”，而现代国家认同的基础是“通过一套制度体制将一定区域的人民整合为一个能够共享制度安排的统一共同体”①。在从“古代国家”向“现代国家”的转变中，存在一个“共同文化”与“制度体制”融合的过程，这一过程可用“礼仪标识”概念进行诠释。“一般来说，这些标记体现在明代以来兴修的建筑物的形制上。我们可以把各时期修建的情况按时序排列，探问地方社会在这些建筑物出现之前是怎样的一种状态”②。在此基础上，可进一步将神圣性自然物、口述传说、壁画、雕像、仪式行为、碑刻等被群体或个人视为文化遗产的文本纳入“礼仪标识”的范畴，换言之，一切被地方社会成员认为是重要的事物都可算作“礼仪标识”。③

《周礼》云：“国之大事，在祀与戎”。礼仪不仅是国家大事，同时也促使不同群体在实践礼仪标识的标准化行动中产生认同感。在中国古代的地方社会中，通过礼仪标识促成的国家认同主要表现在两个方面。其一，礼仪标识作为传统中华文化符号的组成部分，能够促使群体以礼仪标识为引领对中华文化产生认同；其二，礼仪标识往往是地方文化—权力网络的表象，是不同群体意向的集中体现，也是地方精英接受国家政治权力下沉的结果，它集中体现了地方文化多样性与国家政治整合性的对立统一。

（一）典礼仪式的叙述

咸丰民众对中华文化的认同首先体现为当地的“礼数修明”。旧志以

---

① 林尚立：《现代国家认同建构的政治逻辑》，《中国社会科学》2013年第8期。

② 科大卫著，程美宝译：《历史人类学者走向田野要做什么》，《东方早报·上海书评》2015年10月11日。

③ 赵世瑜：《结构过程·礼仪标识·逆推顺述——中国历史人类学研究的三个概念》，《清华大学学报（哲学社会科学版）》2018年第1期。

“礼数修明”为特点突出当地在改土归流后融入王朝国家的宇宙观。《典礼志》载：“我朝礼数修明，土司改归。易獉狉为冠裳，化犷悍为礼让。凡祷祠祭祀，俱见威仪跄跻之盛焉”[①]。文本详细记载了至圣先师庙、老关庙、文昌庙、社稷坛等一众国家制式坛庙的具体位置。这些建筑无一不是当地遵从王朝礼数的重要标识，表示咸丰按国家礼仪规制营建各式坛庙，已纳入王朝国家“宇宙观”的礼教秩序当中。同时，坛庙祭祀的乐章、祝文以及各类仪式的赞礼、通礼等各项仪式严格按照《清会典》的要求进行。比如《清会典》规定府、县两级地方官员的先农坛祭祀“以县丞执籍播种，皆以耆老一人牵牛，农夫二人扶犁，各九推九返毕”[②]，县志按此标准在当地推行“耕猎礼”——“知县以下就耕所，耆老一人牵牛，农夫二人扶犁，各九退（推）九返毕”[③]。文本以宏大篇幅详细记述当地举行国家制定的标准化典礼仪式，以此彰显咸丰县已被纳入国家礼仪制度规范化体系，咸丰民众已移风易俗。

新志对当地典礼仪式的叙述进行了大幅度删减，但依然保留了核心内容。文本载“典礼最重要祭祀祀典之举行，尤以仲春秋为要”，随后引述旧志中关于文庙、崇圣祠祭祀用品的陈列规格，祭祀的演奏乐章和祝文。[④]在祭拜先农、风、雨等国家颁布的非人格神时，全县“官绅齐集，皆极诚敬”；五月祭拜关帝、城隍时，“士民更醵金为城隍神寿，享祀丰隆，倍极欢洽，此皆治城官民通行之典礼也”；在诸如文昌宫、武关庙、万寿宫、禹王宫等礼仪标识建筑内都有定期集会，集会之民众“或以籍贯，或以布施，公同致祭，亦极虔诚”。[⑤]当地除按照国家制式规定举行典礼仪式外，还会按照上级要求对仪式进行变更，力图与国家礼仪保持一

---

① 咸丰县史志办公室编校：《咸丰县志校注》，恩施：咸丰县史志办公室，2012年，第65页。

② 《清会典》卷三十六《礼部》，北京：中华书局，1991年，第321页。

③ 咸丰县史志办公室编校：《咸丰县志校注》，恩施：咸丰县史志办公室，2012年，第88页。

④ 咸丰县史志办公室编校：《咸丰县志校注》，恩施：咸丰县史志办公室，2012年，第275–276页。

⑤ 咸丰县史志办公室编校：《咸丰县志校注》，恩施：咸丰县史志办公室，2012年，第276页。

致，“光绪三十三年（1907年），鄂臬梁鼎芬奏准，升孔子为大祀，如祭天地太庙典礼，通敕各县，一律遵行”①。

（二）“旌表”标识的凸显

两版方志都十分重视“旌表”这类礼仪标识，主要体现在《人物志》《艺文志》等篇章中。旧志以“题请旌表”为主题书写广大百姓对儒家三纲五常的遵从。《人物志》载：“咸邑如秦钟俊之忠奋，刘先贵、陆必端之纯孝，覃树德之守义，祝嵩陵之高隐，行谊卓然，求之古人，庶乎近之，岂可轻仁义，而谓山邑无人物耶”②。方志以“三纲五常”为标准，列举当地遵从封建伦理的代表人物及事迹，其中个别人物被“题请旌表”的记述既能够彰显王朝对该类人群行为的嘉奖，同时也书写了地方民众对此类伦理道德的接受，意在凸显当地民众“由夷变夏”的重大转变。此类书写方式在记述“孝友”“烈女”时表现得尤为明显。如周立璜“割股作羹以进母”，向义文在父亲去世后侍奉母亲，“俾母得终柏舟之操，真顺子也。咸丰十年，详请旌表，给有匾额”③，覃氏“抚子守节，事姑以孝闻，勤苦持家，动中礼法，戚里称之。乾隆四年，请旌”④，所列举之人物无一不是当地的普通百姓，其行为举止皆符合彼时封建伦理道德。

《艺文志》中的《刘孝子传》《陆孝子传》分别记述了刘光贵在地震中舍命救母，陆必瑞坠河后留遗言提醒兄长孝顺母亲的故事，其中刘光贵还被“抚军公给以‘纯孝格天’匾额，银五十两，藩司常公、太守张公，俱

---

① 咸丰县史志办公室编校:《咸丰县志校注》，恩施：咸丰县史志办公室，2012年，第276页。

② 咸丰县史志办公室编校:《咸丰县志校注》，恩施：咸丰县史志办公室，2012年，第140页。

③ 咸丰县史志办公室编校:《咸丰县志校注》，恩施：咸丰县史志办公室，2012年，第142页。

④ 咸丰县史志办公室编校:《咸丰县志校注》，恩施：咸丰县史志办公室，2012年，第145页。

给匾银有差"[1]。《刘烈女碑志》记录了刘三姑因受人轻薄而悬梁自尽的故事，咸丰县令"嘉其节"，并为其"请于朝，建坊旌奖"，当地土人"因以牌楼名其山"[2]。官方对孝子烈女的旌表有着引领示范作用，这些代表人物也伴随着官方表彰以"故事""地名"的方式成为当地民众的社会历史记忆。此类关于礼仪标识的社会记忆承载着百姓对儒家道德伦理的认同。

新志在此基础上进一步记叙当地获得朝廷嘉奖人物的事迹，对孝友和烈女的书写更加强调旌表和匾额这类标识。如刘正坤节衣缩食助弟求学，被知县赐以"孝友可风"匾额，并给予"厚伦"的评价。[3]在有列传的24名烈女中，获得旌表、匾额或牌坊的共计15人，另有官员为当地杨甘氏请旌，但被"以年例未符，力辞"，获得朝廷嘉奖或有资格获得嘉奖的烈女占烈女传的66.7%。新志通过此类道德伦理的礼仪标识，彰显当地"民风朴厚，壬夫家，礼教相传，罔敢失坠。至闺帏之内，名节自励，从一而终者，较之通都大邑，尤有数见不鲜"。文本以中原地区的烈女事迹为对比基准，突出当地民众的礼教与其他地区趋同。[4]

（三）风俗教化的书写

表现风俗教化的礼仪标识也是方志书写当地认同中华文化的重要内容。旧志《科举志》载，"我朝改所设县，三年大比，同于内地，易荒服为冠裳，化干戈为礼义，恩至渥也"，改变了过去"蜀不变服，巴不化俗"的格局，随后列举武科、拔贡、恩贡、岁贡若干人。[5]方志对科举的书写

---

① 咸丰县史志办公室编校：《咸丰县志校注》，恩施：咸丰县史志办公室，2012年，第227–228页。

② 咸丰县史志办公室编校：《咸丰县志校注》，恩施：咸丰县史志办公室，2012年，第232页。

③ 咸丰县史志办公室编校：《咸丰县志校注》，恩施：咸丰县史志办公室，2012年，第323页。

④ 咸丰县史志办公室编校：《咸丰县志校注》，恩施：咸丰县史志办公室，2012年，第340–345页。

⑤ 咸丰县史志办公室编校：《咸丰县志校注》，恩施：咸丰县史志办公室，2012年，第136页。

意味着当地已出现广泛的乡绅群体，尽管旧志付梓时当地尚无中举之人，但彼时咸丰已形成较为成熟的宗族社会：

“咸自改归以来，圣泽涵濡，百有余年，礼乐农桑比于内地，宜乎风俗与化移易矣……山深林密，土流杂处，俗尚俭略，农勤耕作，子弟必读书，女工针黹纺绩，随其所习。绅矜不干预词讼，农圃之家，女馌男饷，有豳民之遗风。”①

文本中努力将咸丰民众的日常生活描绘为一幅男耕女织的图景，并将这种“比于内地”的风俗归结为清廷改土归流后的“圣泽涵濡”。同时，当地娶亲、冠礼、婚礼、丧礼、祭礼的节日风俗与中原地区相似，并表现出当地民众对先祖的崇敬，如举行冠礼前要敬告先祖，丧礼“多行家礼，间亦有作佛事者，诹吉殡厝，近日居多”，秋祭时“封包纸钱，书祖先名讳”，腊月二十四、大年初一等节点上坟祭奠。②这些文本都展现了咸丰民众崇先敬祖的风俗礼仪已与中原腹地无异，其所表现出的宗族文化展现了国家主流文化对地方社会的影响。

与旧志不同的是，新志力图将咸丰开化时间提前至先秦时期。“县境自周秦以来，日渐开化，汉、晋而后，郡邑分治，学校之兴，应臻完备……矧施属边疆，风尚强悍，自元迄明五百年中，汉土杂处，学校废坠。士之有志向学者，多就武汉、荆宜等处……计其行李之往还，资斧之损耗，较之腹地学人，相差不可以倍蓰计。”③咸丰百姓自周秦时期就接受中原文化的洗礼并一心向化，但元明以来因“汉土杂处”，朝廷没有在此地设置学校和考场，导致咸丰学子需远赴他乡学习、考试，其所耗费的精力、财力和时间都是中原地区文人所无法比拟的，从而对咸丰早已开化，但科举人数远不及中原地区进行解释。类似的文本还包括：“县境自周秦以来，日渐开化，且民俗纯良，较之他属，尚无犷悍喜乱之习，控

① 咸丰县史志办公室编校：《咸丰县志校注》，恩施：咸丰县史志办公室，2012年，第101–102页。

② 咸丰县史志办公室编校：《咸丰县志校注》，恩施：咸丰县史志办公室，2012年，第102–103页。

③ 咸丰县史志办公室编校：《咸丰县志校注》，恩施：咸丰县史志办公室，2012年，第269页。

制殊易也”[①]；“施州自隋唐以来，人才辈出”[②]，并根据当地各家谱详细列举了自清雍正以来外出为官的全部文武官员名单，意在表现咸丰文教早已开化。为此，新志尤其注重对当地乡绅群体的文化水平进行书写。《人物志》合计60篇男性传记中，37人的传记出现了对其学识涵养的描述，占男性人物志的60%以上，所用词汇包括“性嗜学”“博通经史”“博学能文”“邑庠生”“恩贡生”等。[③]

另外，新志文本淡化当地“蛮夷”痕迹。“县境地瘠民贫，风尚古朴，民俗视施南全郡略同，而亦有小异者，试略纪之”[④]，其所书写的文化风俗与中原地区无异，无需刻意强调风俗变化。再如，当地虽然巫医并行，但“近来风气渐开，道教式微，业巫者日见减少，医之为道，遂为士大夫家所普通讲求云”；油茶、咂酒曾于当地流行，但“近年饮油茶者较前减少，而咂酒几至不经见云”[⑤]。

（四）节日仪式的涵化

咸丰少数民族文化仪式的涵化过程主要表现于方志的风俗记录之中。以“大端阳”为例，两版方志均将当地过此节溯源至中原地区对当地的文化影响，但二者在细节上有所差异。旧志载：“五月五日，角黍、蒲酒，乡城皆同，十五名大端阳，相传唐马希范于是日征辰溪苗，十土人始过端

---

① 咸丰县史志办公室编校：《咸丰县志校注》，恩施：咸丰县史志办公室，2012年，第349页。

② 咸丰县史志办公室编校：《咸丰县志校注》，恩施：咸丰县史志办公室，2012年，第317页。

③ 咸丰县史志办公室编校：《咸丰县志校注》，恩施：咸丰县史志办公室，2012年，第320–340页。

④ 咸丰县史志办公室编校：《咸丰县志校注》，恩施：咸丰县史志办公室，2012年，第279页。

⑤ 咸丰县史志办公室编校：《咸丰县志校注》，恩施：咸丰县史志办公室，2012年，第282页。

阳，故大端阳惟辰州人以为令节云。”[①]此记述的是五代时期，马楚政权首领马希范与溪州洞蛮曾在辰州交战并立铜柱结盟，史载“溪州洞蛮彭士愁寇辰、沣二州，希范讨平之，士愁以五州乞盟，乃铭于铜柱。希范自言汉伏波将军援之后，故铸铜柱以继之”[②]。新志对此的记录颇有不同，“五月五日，悬蒲艾于门，饮雄黄酒，以雄黄点小儿额及手足心，采百草煎汤澡洗，捣蒜和雄黄水，遍洒门户及墙阴，以避蛇虫；先期各以角黍饼干相馈遗，亦有赠香扇者，俗以是日为小端阳。十五日为大端阳，闻始于马伏波将军”[③]。从文本记叙看，所谓“小端阳”即端午节。相比于旧志的“角黍、蒲酒，乡城皆同”，新志对当地端午节的风俗习惯记述得非常详尽，添加了“捣蒜”“赠扇”等情节，不仅体现出咸丰“久跻开明”，也反映出各民族多元文化在此地交融荟萃。但新志对大端阳的记述与旧志明显不同，将节日起源上溯至东汉时期。史载：东汉时期，“武陵蛮夷特盛”，“遣伏波将军马援，中郎将刘匡、马武、孙永等，将兵至临沅，击破之”[④]。

两版咸丰县志相隔不过50年，但所选取的历史事件却有明显的差异：前者选取的是五代时期彭士愁与楚王马希范的“溪州铜柱之盟”；后者选取的则是后汉时期马援对“长沙、武陵蛮”的征讨。从叙事角度来讲，两版县志都采用了置换策略，“通过对以往资料的选择，情节的设置，将过去拉回到现实，将历史置换进空间”，从而“使事件、资料与情节在原本拥有历史性的同时，又附着上了情境性与地方性”[⑤]。大端阳之习俗主要流行于武陵地区。乾隆《东湖县志》载：“（五月）十五日，名曰‘大端阳’。

---

① 咸丰县史志办公室编校：《咸丰县志校注》，恩施：咸丰县史志办公室，2012年，第280页。

② 薛居正等撰：《旧五代史》卷一百三十三《马希范传》，北京：中华书局，1976年，第1758页。

③ 咸丰县史志办公室编校：《咸丰县志校注》，恩施：咸丰县史志办公室，2012年，第280页。

④（宋）范晔撰：《后汉书》卷八十六《南蛮西南夷列传》，（唐）李贤等注，北京：中华书局，1965年，第2831–2832页。

⑤ 郑向春：《叙事：人类学与历史学的并接策略》，《厦门大学学报（哲学社会科学版）》2009年第3期。

食角黍，饮蒲酒如前”[①]。同治《来凤县志》记述得更为细致，“云始于马伏波。俱竞渡龙舟，十五日尤盛。方邑侯诗云‘今日生平真有象，大端阳节鼓咚咚’”[②]。另有乾隆《溆浦县志》载：“相传，伏波征五溪蛮，于五日进兵，士卒有难色，伏波曰‘端午令节，蛮酋必醉，进可成功。今日乃小端阳也，后当与诸将过大端阳。’即进兵”[③]。可见，咸丰旁邑来凤、溆浦、东湖等县很早就已将大端阳的社会记忆与马伏波的故事相联系。这种记忆与当地广泛存在的伏波将军信仰有关。有学者考证，早在唐代，武陵地区就已存在对伏波将军的信仰。[④]尽管旧志与新志及周边方志的记叙不同，但考虑到马希范“自言汉伏波将军援之后”，若因此判断方志此处记录有误则失之偏颇，从文本叙事角度来看，其所展现的应是当时咸丰的集体社会记忆。不管大端午的来源是与马援还是马希范相关，其本质都是当地在吸收中原文化基础上形成的地方社会节日仪式，不同版本的节日来源传说恰是当地各民族文化兼收并蓄的有力证明。

旧志文本多有叙述咸丰民众对中华文化的认同，通过展示当地“由夷变夏”的变化彰显改土归流后中央政权和地方官员在当地推行礼教、移风易俗的功绩；而新志则将当地民众对中华文化的认同提前至先秦时期。正如徐大煜所言，“吾乡自巴国启宇，武陵设郡，久跻开明之列”[⑤]，咸丰在文化上“久跻开明”已是自然之事。但两部方志对当地“礼仪标识”的记述文本都表现出对中华文化的高度认同，书写了当地与中原地区秉持共同文化的历史进程，能够在当地精英群体中引起共鸣，促使地方社会整合成为国家整体的一部分。

---

① 《东湖县志》卷五《疆域志下》，清乾隆二十八年刻本，参见丁世良、赵放编：《中国地方志民俗资料汇编·中南卷》上册，北京：书目文献出版社，1991年，第410页。

② 《来凤县志》，清同治五年刻本，参见丁世良、赵放编：《中国地方志民俗资料汇编·中南卷》上册，北京：书目文献出版社，1991年，第447页。

③ （清）陶金谐修，（清）杨鸿观纂：乾隆《溆浦县志》卷九《风俗志》，乾隆二十七年刻本。

④ 杨洪林：《从国神到家神：武陵地区伏波信仰变迁研究》，《广西民族研究》2012年第3期。

⑤ 咸丰县史志办公室编校：《咸丰县志校注》，恩施：咸丰县史志办公室，2012年，第241页。

三、“礼仪标识”下的国家权力认同

（一）对王朝历史的强调

旧志在《沿革》中以“古属廪君国。秦属黔中郡。汉属武陵郡。唐属黔中道。五代为感化州，宋为富州地，寻改为羁縻柔远州。元属散毛司”[①]简述了当地明代之前的行政区划沿革——这是旧志正文记载为数不多的明代以前的历史。之后《沿革》大篇幅记述当地土司的分布状况和清中叶改土归流的前因后果，其中“忠峒司田光祖等，纠十五土司，呈请归流”[②]，表现出“改土归流”的大势所趋以及地方少数民族首领对中央王朝的认可。“咸在宋元，聊示羁縻，胜国以一所弹压，土司规模草创，迄无宁宇。及我朝改归，纲纪维持，同于内地。其擘画周详，诚有无远弗届者。”[③]咸丰于宋代实行羁縻制度，元代实行土司制度，这一点在前述《沿革》中已有记载，《元史》亦载，至元三十年夏四月，“师壁散毛洞勾答什王等四人，各授蛮夷官，赐以玺书遣归”[④]。在当地流官看来，元代土司制与宋代羁縻制无差异，以“聊示羁縻”反映中央王朝无法在当地“纲纪维持”；明代虽设有大田所，咸丰依然“迄无宁宇”，直至清廷改土归流才真正使当地“擘画周详”。流官在方志书写过程中，是以地方与中央关系的视角审视地方历史进程，既然咸丰在宋元时期依然处于羁縻状态，那明代以前的地方历史就没有记录于方志的必要。因此，旧志的文本叙事只上溯至明朝建立这一时间点。

旧志《艺文志》收录的多篇文章也在不断书写当地少数民族服从中央王朝的政治权威。如《明神宗给三宣八安抚司鼎铭》言：“惟敬天勤民，

---

① 咸丰县史志办公室编校：《咸丰县志校注》，恩施：咸丰县史志办公室，2012年，第40页。

② 咸丰县史志办公室编校：《咸丰县志校注》，恩施：咸丰县史志办公室，2012年，第44页。

③ 咸丰县史志办公室编校：《咸丰县志校注》，恩施：咸丰县史志办公室，2012年，第51页。

④（明）宋濂：《元史》卷十七《世祖十四》，北京：中华书局，1976年，第372页。

庶不坠尔祖厥功。尔其不信，视杨应龙。”[①]再如《大田所舆图守御文册》言：“设大田于八面环夷腹心之中，紧扼诸司之吭，以通楚蜀要道。”[②]诸如此类文本皆强调中央王朝对民族地区的管控。

相比之下，新志文本凸显当地“久属华夏”，努力将地方史放入王朝历史进程的框架中进行阐述，以此展现当地早在战国时期就已被纳入中华“大一统”的政治归属。新志在《沿革》中按朝代顺序记叙当地在各时期的行政归属：

“古与郡地，共属蛮夷国。周初为巴子国地，后为夔子国地。战国时属楚巫郡地，秦属黔中郡，汉属武陵郡，东汉并属南郡地，三国迄晋属建平郡……唐由州改郡，省开夷共为清江县。五代又分今咸、来两县地为感化州。宋为富州地，寻改为羁縻柔远州，初名懿州，后改安定州。元废州置散毛府……”[③]

上述文本详细记述了咸丰至明代前的行政区域变革，意在强调当地自周代始就已纳入中华历史进程中，不管朝代如何鼎革，咸丰都是王朝国家疆域的一部分，以此表达当地民众对国家的认同之情。比如，在记述“太康古碑”时，新志就将其与中华“大历史”相结合。碑刻上有“尚有邑人话太康”的诗句，但此碑因“咸、同兵燹，遂断残无存”，新志结合《三国志》史料对此进行解释，认为晋朝在此地，“则此十余年中，经营生聚，建设必多，迄于太康，归命锡封”[④]，因此镌刻石碑铭记此功绩。

---

① 咸丰县史志办公室编校：《咸丰县志校注》，恩施：咸丰县史志办公室，2012年，第218页。

② 咸丰县史志办公室编校：《咸丰县志校注》，恩施：咸丰县史志办公室，2012年，第220页。

③ 咸丰县史志办公室编校：《咸丰县志校注》，恩施：咸丰县史志办公室，2012年，第253页。

④ 咸丰县史志办公室编校：《咸丰县志校注》，恩施：咸丰县史志办公室，2012年，第264页。

（二）以地名标识书写归附

县志在介绍当地古迹地名来源时，以相关典故书写当地民族对王朝的忠诚，听从中央政府的调遣。两版方志都记载了当地国公寨、悔寨的地名来源，现以旧志文本为例。“国公寨，在金峒司。覃壁叛，命将参政冯成龙，监军副使张大业平之。其屯兵处，今名国公寨。悔寨，去国公寨数里。覃壁畏擒逃其上，名曰悔寨。朝廷削其爵为峒长，承主其地。”① 《明史》记载了覃壁作乱之事，“金峒安抚土舍覃壁争印相杀，及磁峒不当辖四川。俱下抚按官勘报。四年，覃壁作乱，伤官军……帝然之，命所司相机剿抚。五年，巡抚刘慤以覃壁平，条议五事：‘……金峒世官不宜遽绝，贷覃胜罪，降安抚为峒长，听支罗所百户提调……’俱从之”②。上述史料记载了覃壁因获罪被降为峒长的事实，并有记录平乱的将领姓名。《明穆宗实录》载：隆庆六年五月，“巡按湖广御史陈子阶，勘上金峒贼覃壁之乱，官军破三寨，斩首三百级，降五百余人，叙巡抚刘悫、监军参政冯成能、副使张大业等功”③。《隆庆岳州府志》中亦载：“隆庆五年……御史陈于阶用三道议也。守巡道冯成能、张大业，江防李惟观”④。按《明实录》记载，此处“陈于阶”应是“陈子阶”，系讹误。可见，隆庆五年的覃壁之乱是由时任湖广守巡道的冯成能和张大业平定的。但旧志却将“冯成能”讹误为“冯成龙”。此人名称的讹误在其他文献中亦有记载，《光绪湖南通志》的《职官志》载：明穆宗时期“冯成龙，慈溪进士，右参政，分守上荆南道”⑤。

明朝中后期的覃壁叛乱是当地重要的历史事件，方志试图以地名典故将此事件转变为当地民众的社会记忆。方志虽提供的史料细节有误，但并

---

① 咸丰县史志办公室编校：《咸丰县志校注》，恩施：咸丰县史志办公室，2012年，第48页。

② （清）张廷玉：《明史》卷三百一十《湖广土司》，北京：中华书局，1974年，第7990页。

③ 杨小华：《〈明实录〉鄂西史料辑注》，恩施：鹤峰县民族事务委员会，1993年，第195页。

④ （明）钟崇文：《隆庆岳州府志》卷十八《艺文志》，天一阁藏明隆庆刻本。

⑤ （清）卞宝第、李瀚章等修，（清）曾国荃、郭嵩焘等纂：《光绪湖南通志》卷一百一十八《职官志》，清光绪十一年刻本。

不影响当地对国公寨和悔寨的社会记忆。[①]“国公寨”这一地名彰显了国家权力在当地的影响。从上述分析可以看出，明廷平定覃壁作乱时根本没有“国公”级别的将军出战，但当地民众对明初凉国公蓝玉克散毛司[②]有深刻记忆，当明廷再次向咸丰地区的土司用兵时，百姓很快将其与蓝玉相联系，以为明廷再次派出“国公”维护“大一统”，“国公寨”这一地名也就讹传至今。而“悔寨”的名称则时刻提醒当地民众任何妄图反叛中央王朝的行为都将以“悔恨”收场。两处地名旨在强调少数民族对王朝的纳土归附之意。

新志除再次记述国公寨和悔寨的地名来源外，还添加了对“杨峒”的介绍：“杨峒，在平阳里。明成化十三年，奉上谕，四川酉阳宣慰司冉云，带领官军，深入九甫塘……杨峒……等处……勤劳可嘉，特进阶为明威将军，是为杨峒见载籍之始”[③]。新志以较大篇幅介绍杨峒这一地名最初被记录于史书这件事，但从其记述的历史事件来看，其目的不在于表达杨峒地名的由来，而在于凸显酉阳土司与官军的协同作战，彰显土司听从国家调遣及其对国家的忠诚。

（三）以权力标识书写规训

方志对礼仪建筑空间分布格局的舆图书写传递了强烈的主观规训意识。旧志详细记载了至圣先师庙、老关庙等一众国家制式建筑的具体位置并在《街市总图》中予以描绘。县署占据《街市总图》中心区域，左右两边依次是捕署、守备署等权力机关，城隍庙、老关庙等礼仪建筑分布在行

① 注：旧志和新志关于国公寨、悔寨的文本记录基本相同。

② 分别参见（清）张廷玉：《明史》卷三百一十《湖广土司》，中华书局，1974年，第7985页；（清）张梓监纂，咸丰县史志办公室编校：《咸丰县志校注》，咸丰县史志办公室，2012年，第40页。

③ 咸丰县史志办公室编校：《咸丰县志校注》，恩施：咸丰县史志办公室，2012年，第265页。

政衙署周围。[①]但根据新志《咸丰县地图》，县城位于全县的东南方。[②]旧志将县署置于全县舆图中央，虽不是地理位置的真实写照，却是以县衙为代表的王朝权力在当地民众心中位置的真实写照。其他礼仪建筑的区位则按照方志文本所描述的实际方位进行描绘。舆图通过虚实结合的方式，不仅完成了当地礼仪标识真实空间位置的刻画，同时也传递出国家权力对地方社会的强烈规训。

地方社会精英通过制式典礼完成对王朝国家的臣属。能够进入礼仪建筑完成祭祀程序的民众属于当地精英群体。当地方精英在各礼仪建筑内按照制式流程实践祭祀仪式时，不仅是地方社会内化王朝国家礼仪的过程，同时也是其在当地宣扬并巩固社会地位的方式。新志中，徐正旭为恩贡生，因军功被赐予六品衔，任候选教谕，"邑名士多出其门"，经县令推举，"举乡饮大宾"，热心地方公益善举。[③]另有"邑令秦鹏飞，举杨公胜忠，充乡饮大宾，辞不就"[④]。《礼记》云："乡饮酒之礼者，所以明长幼之序也。"被县令推荐为乡饮酒礼"大宾"之人，本身就是拥有较高社会地位的乡绅群体。"'乡绅'这个文人阶层利用王朝政权来合理化自己的地位，也认为自己与王朝政权福祸与共"[⑤]。乡饮酒礼不仅使以徐正旭为代表的乡绅群体将国家政治秩序内化于心，同时也是一场地方社会文化—权力网络的展演，助其在当地巩固社会地位。

城墙的威权象征对当地民众的规训。《吴越春秋》载："鲧筑城以卫君，

---

① 咸丰县史志办公室编校：《咸丰县志校注》，恩施：咸丰县史志办公室，2012年，卷首图考，《街市总图》。

② 咸丰县史志办公室编校：《咸丰县志校注》，恩施：咸丰县史志办公室，2012年，卷首图考，《民国版咸丰县地图》。

③ 咸丰县史志办公室编校：《咸丰县志校注》，恩施：咸丰县史志办公室，2012年，第331–332页。

④ 咸丰县史志办公室编校：《咸丰县志校注》，恩施：咸丰县史志办公室，2012年，第277页。

⑤ 科大卫著，卜永坚译：《皇帝与祖宗：华南的国家与宗族》，南京：江苏人民出版社，2010年，第34页。

造郭以守民，此城郭之始也。”[①]君居城内，民守于郭，城墙自建造之初便天然具有区隔作用。“在帝制时代的政治意象中，城墙更主要的乃是国家、官府威权的象征，是一种权力符号。雄壮的城楼、高大的城墙、宽阔的城壕，共同组成了一幅象征着王朝威权和力量的图画。”[②]从象征角度出发，城墙十分符合权力标识的特点。旧志记载了咸丰历史上的三次筑城经历。其一是明洪武二十三年（1390年），大田所千户主持修建了周长为五百丈、高二丈的城墙；其二是乾隆二十六年（1761年）时欲修建周长为三里三分的城墙，但因地势险要未能建成；其三是嘉庆元年（1796年），为抵御白莲教起义，县令“倡筑土城”[③]。在此基础上，新志向前追溯了咸丰城池的发展进程：“吾乡自巴国启宇，设立渐备。左桓九年，行人韩服，通好上国，至将军蔓子许楚三城，虽难确指其地，惟就毗连境土……战国而后，颇形退化。三国以来，日进开明……五代迄宋，设州分治，有无城郭建设，殆不可知。南渡而后，神舟陆沉……然皆设碉筑寨于县境东北各乡，未尝为仡仡之墉也。”[④]由于城市建设在华夏政治象征体系中的重要作用，新志将地方“小历史”与王朝“大历史”相结合，彰显咸丰在春秋时期已有城池，以此表现城墙在当地的象征与规训作用。

四、结　语

费孝通先生从民族学学科视角提出“中华民族作为一个自觉的民族实体，是近百年来中国和西方列强对抗中出现的，但作为一个自在的民族实

---

① 李昉编撰:《太平御览》卷一百九十三《吴越春秋》，夏剑钦、王巽斋点校，石家庄：河北教育出版社，1994年，第808页。

② 鲁西奇、马剑:《空间与权力：中国古代城市形态与空间结构的政治文化内涵》,《江汉论坛》2009年第4期。

③ 咸丰县史志办公室编校:《咸丰县志校注》，恩施：咸丰县史志办公室，2012年，第51–52页。

④ 咸丰县史志办公室编校:《咸丰县志校注》，恩施：咸丰县史志办公室，2012年，第266–267页。

体，则是几千年的历史过程所形成的"[①]。晚清至民国时期，中华民族存在一个"自觉"过程。

方志中的地方历史叙事是在流官主导下，当地精英对过去的一种追述，是"依据客观性的历史资料，来建构蕴含人们想象、期待与愿望的主观性历史，从而生产出一种综合了二者特质既真实又虚构的存在性历史"[②]。同时，由于社会情境的限制——包括王朝—国家的政治权威、地方的文化—权力网络等，方志只会在其允许的范围内进行历史追述。在这样的情境中，"我们都想象对方的心智正在想象我们的心智，而且我们一直都在让自己想要传达的东西对这种心智读取活动作出适应"[③]。因此，流官在主持编修方志时，必须充分考虑方志编写体例、受众阅读习惯、地方政治需求等多个因素。

尽管两部方志存在不同历史背景，并在细节上存在较大差异，但从文本叙事角度来看，二者都力图通过对当地礼仪标识的记述书写地方社会对中华文化和国家权力的认同。旧志是在清廷刚平定太平天国并开始洋务运动的"中兴"时期被编撰而成的，面对从"蛮夷"转为"开化"的边缘地区，文本对礼仪标识的记述体现了此地何时以及如何被整合到主流社会的历史过程，书写了少数民族在改土归流后对中央王朝的认同。新志则是在辛亥革命胜利之初付梓，此时"吾族共和国家之建设，师资匪遥，返求焉已得立国大要"，但国家"强邻环伺，外债日迫"[④]，文本叙事开始受民族主义和国家主义的影响。在地方精英和流官的共谋下，文本将咸丰视同内地核心区域，关注当地社会何时以及如何发生变化，因此方志始终将地方史视为中华史的一部分。两部方志关于国家认同的文本书写既可视为中华民族从"自在"到"自觉"的探索过程，也可视为地方社会精英书写并向社会

① 费孝通：《中华民族多元一体格局》，北京：中央民族学院出版社，1989年，第1页。

② 郑向春：《叙事：人类学与历史学的并接策略》，《厦门大学学报（哲学社会科学版）》2009年第3期。

③ [英]莫里斯·布洛克著，周雨霏译：《人类学与认知挑战》，北京：商务印书馆，2018年，第205页。

④ 咸丰县史志办公室编校：《咸丰县志校注》，恩施：咸丰县史志办公室，2012年，第397页。

大众传播中华民族“自觉”的过程。文本通过叙述各民族共居一地后对国家产生的认同之情，书写了各民族友好往来、和睦相处的地方历史记忆。这种历史记忆具有超越时空的延展性和稳定性，为中华民族的“自觉”提供了社会情感基础。

恩施州提升民族事务治理体系和治理能力现代化水平研究

恩施州开展铸牢中华民族共同体意识示范创建研究

冉红芳　罗　娇[①]

以铸牢中华民族共同体意识为主线，对中华文化的高度认同和增进共同性是恩施州开展新一轮全国民族团结进步示范区创建的一大亮点。恩施州在创建过程中注重探索铸牢中华民族共同体意识工作中的文化机理，在总结经验和展示示范点的基础上，认为坚持党的集中统一领导原则和深入持久开展民族团结进步创建工作是铸牢中华民族共同体意识的政治保障和重要载体；树立突出的中华文化共享符号和推进建设互嵌式社会结构与社区环境是全国民族团结进步示范区建设的有力措施；我们要促进各民族交往交流交融，全面推进中华民族共有精神家园的建设，完善恩施州铸牢中华民族共同体意识示范创建机制，进而打造民族团结进步示范区创建升级样板。

关键词： 铸牢中华民族共同体意识；民族团结进步；增进共同性；示范创建

一、研究缘起

我国"民族团结进步"工作实践已步入深入发展阶段，铸牢中华民族共同体意识示范创建是一种自上而下的国家意志实现过程，也契合了各族

① 冉红芳，湖北民族大学民族学与社会学学院教授；罗娇，湖北民族大学民族学与社会学学院硕士研究生。

人民的根本利益。习近平总书记在2021年中央民族工作会议上强调“铸牢中华民族共同体意识是维护各民族根本利益的必然要求”[①]。当前党的民族工作面临新形势，习近平总书记在这次会议上的重要讲话，系统阐释了我们党关于加强和改进民族工作的重要思想，明确了以铸牢中华民族共同体意识为主线推进新时代党的民族工作高质量发展的指导思想、战略目标、重点任务、政策举措，为做好新时代党的民族工作指明了前进方向，提供了根本遵循。还指出“要深入开展民族团结进步创建，着力深化内涵、丰富形式、创新方法”[②]，更深层次地解释了“民族团结进步”创建工作的重要性和现实针对性。2020年国家民委等四部门印发《关于进一步做好新形势下民族团结进步创建工作的指导意见》要求，新时代民族团结进步创建工作要坚持以铸牢中华民族共同体意识为根本方向。铸牢中华民族共同体意识成为关乎国家安定统一、团结繁荣、长治久安的重大议题，也是目前社会和学术界共同讨论的热点论题。

学术界对于铸牢中华民族共同体意识研究成果颇多，体现在理论指导、概念内涵、时代价值、现实路径等多个方面。王延中在《铸牢中华民族共同体意识　建设中华民族共同体》一文中，指出培育中华民族共同体意识、铸牢中华民族一家亲和建设中华民族命运共同体是新时代民族工作的理论主线和指导方针。[③]他还指出在实践中对铸牢中华民族共同体意识的认识仍存在着多个方面的偏差，应该全面准确完整理解新时代铸牢中华民族共同体意识的价值回归。[④]在铸牢困境研究方面，国内大多数学者以区域社会作为个案来探讨铸牢中华民族共同体意识中存在的误区与挑战。王易、陈玲认为，民族地区铸牢中华民族共同体意识还存在着暴力恐怖活动和意识形态领域渗透、大汉族主义和狭隘民族主义的思想残余、地域差

① 习近平：《以铸牢中华民族共同体意识为主线 推动新时代党的民族工作高质量发展》，《人民日报》2021年8月29日。

② 习近平：《以铸牢中华民族共同体意识为主线 推动新时代党的民族工作高质量发展》，《人民日报》2021年8月29日。

③ 王延中：《铸牢中华民族共同体意识 建设中华民族共同体》，《民族研究》2018年第1期。

④ 王延中：《实践偏差与价值回归：中华民族共同体意识培育论析》，《贵州民族研究》2023年第2期。

异性与固化文化多元性的消极因素的困境。[①]孔亭也提出国内对中华民族共同体理论建构和宣传教育力度不足、边疆民族地区狭隘民族意识滋长的挑战。[②]实践路径研究成果的代表有，代洪宝等从马克思主义、中华优秀传统文化和中国特色社会主义三重向度对铸牢中华民族共同体意识进行思想追踪，认为中华优秀传统文化是铸牢中华民族共同体意识的思想源流，马克思主义是铸牢中华民族共同体意识的理论依据，中国特色社会主义是铸牢中华民族共同体意识的实践基础。[③]总之，当下与之相关的研究存在着“三多三少”的特点。“三多”，即政策解读多、逻辑推导多、宏大叙事多。“三少”，即事实调查少、个案积累少、深入分析少。在“三少”方面，对于铸牢中华民族共同体意识示范创建，铸牢中华民族共同体意识体验馆等新内涵、新载体的相关研究还有很大的空间。

恩施土家族苗族自治州（以下简称“恩施州”）自古以来便是文化交融汇聚之地，民族团结进步在这里有着深厚的历史底蕴。对恩施州铸牢中华民族共同体意识示范创建研究，离不开国家民委“全国民族团结进步创建活动示范单位”的具体实践。恩施州民族团结进步创建从多个维度推进，涉及团结模范引领、文化创新交融、互嵌式社区等方面，从中华文化认同以及增进共同性的角度去开展民族团结进步创建是恩施州的一大亮点。习近平总书记强调，扎实做好党的民族工作，需要按照增进共同性的方向改进民族工作，做好共同性和差异性的辩证统一、民族因素和区域因素的有机结合。[④]探究增进共同性，不仅可以论证中华民族优秀文化与民族文化之间的内在逻辑，促进民族文化的交流与传播，还可以助推完善铸牢中华民族共同体意识示范创建机制，发挥其文化传承功能，进一步推进民族团结进步示范创建升级版。

---

① 王易、陈玲：《民族地区铸牢中华民族共同体意识的现实问题及路径选择》，《民族教育研究》2019年第4期。

② 孔亭：《铸牢中华民族共同体意识面临的问题与实践路径》，《佳木斯大学社会科学学报》2019年第1期。

③ 代洪宝、孟成全、田园：《论铸牢中华民族共同体意识的三重向度》，《江苏大学学报（社会科学版）》2023年第2期。

④ 习近平：《以铸牢中华民族共同体意识为主线 推动新时代党的民族工作高质量发展》，《人民日报》2021年8月29日。

笔者于2022年7月3—12日和2023年6月29日—7月2日两次实地调研，采用深度访谈、半结构式访谈和非正式谈话以及参与观察等方法收集资料和信息，对恩施州、恩施市、咸丰县民宗局、咸丰县文旅局的部分领导以及施州小学校领导等进行访谈。访谈内容主要包括恩施州民族团结进步创建工作中的创建过程、具体做法、取得的新成就以及创建中所遇到的困难等，同时收集民族团结进步创建工作中的政府文件、动员材料、总结材料、模范集体模范个人申报材料、干部培训宣传活动材料以及民族文化、体育赛事活动等相关材料。前期进行准备工作时，在国家民委、恩施州民宗局网页和公众号收集了相关报道以及部分民族团结进步创建研究成果。后期在实地调查的基础上从增进共同性、文化认同等方面入手，梳理恩施州在民族团结进步创建工作中的新举措、新成就，选取典型民族团结进步示范点，以电力系统与施州民族小学为个案，深入剖析新一轮恩施州民族团结进步示范创建的经验与模式，丰富了铸牢中华民族共同体意识示范创建工作的文化内涵，具有积极的实践意义。

二、经验与不足：探索铸牢中华民族共同体意识工作中的文化机理

恩施州在第一轮“民族团结进步示范创建”的基础上，以铸牢中华民族共同体意识为根本方向，确保新一轮示范创建的成功，全面深入持久开展民族团结进步创建工作，坚持绵绵用力，久久为功。

（一）新一轮民族团结进步示范州的创建之路

1.新一轮民族团结进步示范州创建工作的提质增效

恩施州在第一轮创建的基础上，开始进行新一轮“民族团结进步示范州”创建的提质增效阶段。为贯彻落实《中共中央办公厅、国务院办公厅印发〈关于全面深入持久开展民族团结进步创建工作铸牢中华民族共同体意识的意见〉的通知》和《省委办公厅、省政府办公厅印发〈关于全面深入持久开展民族团结进步创建工作铸牢中华民族共同体意识的意见〉的通

知》(以下简称两个《意见》)，突出以铸牢中华民族共同体意识为主线，凸显中华文化的“五大特性”，从多个角度进行示范创建工作，推进恩施州新一轮民族团结进步示范州创建提质增效。一是深入学习两个《意见》精神。通过对以上两个《意见》的学习，切实贯彻落实好打造民族团结升级版的具体措施。二是以“七进”为基础，多领域覆盖，不仅把八县市都创建成示范单位，还进一步在多个领域和多个行业创建示范单位，如国网供电公司。三是打造示范样板。通过示范样板点直观了解民族团结进步事业，在充分发挥引领示范作用的同时进行宣传教育。例如鹤峰县走马镇民族中心学校、国网鹤峰县供电公司以及各模范集体、模范个人，发挥正面典型的示范榜样作用。四是重视学校创建工作，打造“一校一特色”，将民族文化融入校园文化建设，开展“手拉手”等活动，加强“同心圆”教育，铸牢中华民族共同体意识，如恩施州民族小学的创建活动。五是创新宣传载体及方式，深入挖掘民族文化资源，凸显民族文化“基因”，以文化、广播、电视、报刊、微电影、微视频等新形式为载体，持续做好民族团结进步、铸牢中华民族共同体意识宣传教育。如建始县以文化为基础，大力建设特色文化乡镇，开展旅游产业宣传。如巴东堂戏、纤夫文化旅游节、冬泳赛等文体活动，进一步创新宣传形式，从而促进各民族交往交流交融，达成民族团结进步共识。六是精准管理考核。各级党委和政府承担工作责任，实施把创建工作纳入各级领导班子和党员的政绩考核当中的措施，并且分工合作，实行多方共举。七是推进区域协作。恩施州不断深化区域协作，多次开展实地考察、相互访派，进一步实施帮扶交流。例如武汉市硚口区红旗村小学与新塘乡双河小学共同创建了手拉手共建机制，为校际交流活动搭建了平台，在互助互学中共同进步，培养团结友爱的氛围，增加两地师生交往交流机会。

2.政府高度重视是新一轮民族团结进步创建的有力保障

2022年6月11日，恩施州新一轮全国民族团结进步示范州创建暨全州宗教工作会议召开。州委书记胡超文强调，要掌握做好民族工作的认识论、方法论，增强政治敏锐性和工作责任感，把习近平总书记的重要讲话精神贯穿到民族工作的全环节、各方面，转化为做好民族工作的具体行动和实际成效。准确把握铸牢中华民族共同体意识的“四个关系”，按照增进共同性的方向加强和改进民族工作。并且以“三项计划”为抓手，讲好民族团结进步故事。[①]政府重视是有形、有感、有效创建的基础，在州委、州政府的领导下，创建工作主要从以下三个方面开展打造民族团结进步创建升级版。

首先，从思想出发，增进文化认同是民族团结进步创建的首要任务。恩施州以创建新媒体和融媒体账号为载体加强宣传教育。如“恩施发布”“云上恩施”等公众号，运用“抖音”等网络平台发布各类文化宣传引导舆论，开展各项专题活动，举办文化节。如咸丰县大路坝开展的“来咸丰·庆丰年，鄂渝边区首届油菜花旅游观光活动”。对恩施州人口迁移、民族交往交流交融等文化史籍进行收集整理与修复，总结提炼陈连升抗英等爱国精神，加强思想教育，铸牢中华民族共同体意识。恩施州规划建设铸牢中华民族共同体意识研究基地2个、实践基地1个、展示体验馆2个，建成红色文化传承基地、民族团结进步教育基地、非遗传承基地等1300多个。[②]

其次，从行动出发，树立民族团结进步示范榜样是创建的重要手段。着力树立示范典型，完善示范系统是创建的重点。在新一轮的示范点创建中，学校与电力系统创建效果显著，推动示范单位提质增效。如学校打造文化廊、示范廊等。推进乡村振兴示范创建，打造民族团结进步示范村寨、美丽示范村等，建设网红打卡地，推动文旅融合发展，如芭蕉枫香坡侗乡风情寨。

最后，从团结互助出发，促进各民族交往交流交融是铸牢中华民族共同体意识的重中之重。政府大力创建互动平台，促进各民族交往交流交融，通过旅游、区域协作等平台，促进资源共享，提升自我竞争力，深化对口交流协作，以区域间的互动合作进一步打造民族团结进步升级版。如恩施市施州民族小学与博乐市第二实验小学结为友好学校；恩施新塘乡中心小学和江苏沧浪小学建立友好合作关系；与浙江省民宗委开展“民族团

① 湖北省恩施州民宗委：《湖北恩施州开展新一轮全国民族团结进步示范州创建工作》，中华人民共和国国家民族事务委员会网站，2022年6月17日。

② 湖北省恩施州民宗委：《湖北恩施着力打造民族团结进步示范创建升级版》，中华人民共和国国家民族事务委员会网站，2023年3月4日。

结共建·东西部劳务协作”交流活动等。政府的高度重视是推进新一轮民族团结进步示范创建的中坚力量。

3.新一轮全国民族团结进步示范州的创建

2021年，恩施州印发《恩施州新一轮“全国民族团结进步示范州”创建工作实施方案》，进而拉开了“十四五”时期全州创建的序幕。2022年，恩施州开始进行新一轮“全国民族团结进步创建活动示范州”的申报命名。在2022年3月27—30日，省民宗委评估组到恩施州开展新一轮“全国民族团结进步示范州”创建第三方评估工作。2023年1月，国家民委民族团结促进司发文《国家民委关于命名第十批全国民族团结进步示范区示范单位的决定》，恩施土家族苗族自治州、恩施土家族苗族自治州利川市榜上有名，标志着新一轮全国民族团结进步示范州创建的成功。8月，时值恩施州建州40周年，以此为契机，举办一系列“民族团结进步”创建活动，抓住关键环节，有形有感有效做好铸牢中华民族共同体意识工作，推动恩施州新时代党的民族工作高质量发展。

（二）两个示范点：国网恩施供电公司与施州民族小学

1.国网恩施州供电公司

近年来，恩施州荣获多个示范单位名称，其中国网恩施州供电公司是近年来做得比较好的示范点之一。国网恩施州供电公司在2021年荣获“湖北省民族团结进步示范区示范单位”荣誉，为了贯彻习近平总书记关于民族工作的相关战略部署，供电公司牢牢把握铸牢中华民族共同体意识这条主线，开展了以“民族团结党旗红”为主题的实践活动，以宣传教育、经济发展、服务人民群众、弘扬民族文化四个方面为抓手推进民族团结进步工作，将“民族团结进步”创建工作与供电本职工作融合协作，扎实推进民族团结进步创建，推动铸牢中华民族共同体意识。

（1）重视模范典型的培育，营造民族团结进步氛围。公司以先进模范人物为榜样，充分发挥全国民族团结进步模范的旗帜引领作用。其中，最为典型的案例就是全国民族团结进步模范林丽。她被评为“第六次全国民族团结进步模范个人”“国家电网公司特等劳动模范”以及荣获“全国五一劳动奖章”等。林丽从加入公司，就开始了长达18年的全心全意服务乡亲，把他们的事当作自己的事，用真情架起党和人民群众之间的“连心桥”。林丽所在的国网咸丰供电公司积极发挥典型示范作用，组建了“林丽工作室”“林丽共产党员服务队”以及“林丽爱心团”，还拓展了“林丽+”品牌，全面开展“林丽爱心团+”活动，“用心工作、用情服务、用爱待人”成为公司示范引领的标杆。[①]

（2）弘扬优秀传统文化，构建共有精神家园。公司致力于弘扬优秀传统文化，做好宣传教育，增强文化自信，共同构建中华民族共有精神家园。公司全面实施开展以“旗帜领航·文化登高”为主题的行动计划，通过多种形式把民族文化与企业文化进行有机结合，以互嵌交融的形式创造出富有当地以及公司特色的文艺作品、文创精品。例如由职工自编自导自演的《梅坪故事》《背篓电工》《黄四姐》《飞越绝壁送光明》等反映民族团结进步的作品，还有结合非遗实践活动，学习编织“西兰卡普”，跳摆手舞[②]，讲好民族团结进步故事，散播民族团结进步余音，增强公司职工对中华文化的认同感和文化自信，构建中华民族共有精神家园。

（3）发挥优势，服务群众，促进各民族交往交流交融。深入开展“我为群众办实事”实践活动，扩建高伏变电站，为人民群众增加集体经济收入，党对各族群众的关怀随着供电线路扩散到恩施州每个地方，增强了各民族群众的“五大认同”意识。落实惠民政策，低电压台区整治惠及100万人，捐建了121座光伏电站，抽调精干力量驻村帮扶全州23个脱贫村，[③]为乡村振兴提供了物质基础与人才基础。遵循为人民服务的宗旨，与各个行业联合发展，让各民族守望相助，助力民族产业互助，在思想、情感、文化上团结统一，发挥共学共建共享理念，当好“先行官”，架起“连心桥”，进而促进各民族交往交流交融。

2.施州民族小学

增强我国各族人民群众的中华文化认同，是加强民族团结、提高民族

---

① 资料来源：云上恩施提供《林丽：“全国劳模”“荆楚楷模”》，获取时间：2023年7月3日上午。

②③ 资料来源：恩施州民宗局提供《国网恩施供电公司民族团结进步创建工作汇报材料》，获取时间：2023年6月30日上午。

自豪感的长远之计。[①]而学校是进行民族团结进步教育的重要阵地。施州民族小学于2008年建成，是由省"616"工程重点帮扶、恩施市重点打造的一所标准化建设示范学校。施州民族小学以铸牢中华民族共同体意识为主线，从目标规划、工作机制、宣传教育、民族活动四个方面开展民族团结进步工作，在教育学习、互帮互助中将各民族师生像石榴籽一样紧紧抱在一起。

（1）民族文化融入校园文化，强化对中华优秀传统文化的认知。首先，整个学校展现出民族风采，从学校教学楼建筑到校徽校歌无一不表现着民族文化，在展现民族文化的同时结合现代风格，体现出学校团结、包容的办学特色。其次，学校紧紧围绕"区域、民族、文化、行业"四个优势特色，打造武陵山区素质教育、西部教育、民族教育"三支花"学校的远景目标来进一步创建民族团结进步活动。最后，学校构建"四横四纵四基地"，突出文化建设，以文化艺术作品、"忠、孝、雅、诚"中华民族优秀品质以及教育体验基地为载体，[②]增进学生对中华文化的认同，强化师生对中华优秀传统文化的认知。

（2）中华文化融入校园建设，传承中华民族优秀文化。学校以中华文化为中心，开展一系列文化建设。一是创建文化走廊，围绕"忠、孝、雅、诚"四字丰富文化内涵，生动形象讲好民族团结进步故事。二是开展艺术展，举办书法、绘画、征文、摄影等作品展览，突出民族优秀文化（包括服饰、音乐、舞蹈、饮食、建筑等）。三是打造非遗长廊，创新运用学校墙、路、廊、场，全面展示非物质文化遗产。四是创建傩吧。结合学校课堂，把国家级非遗文化傩戏引入课堂教学，发挥学生主体性意识。

（3）校园"三进"与"三节"。学校实施进校园、进教材、进课堂的"三进"形式，持续推进民族团结进步工作。整个校园彰显民族团结，通过校徽校歌的设计、"以德育人，以文化人"的核心办学理念、文化长廊的建设，让学生在潜移默化中增强文化认同。把升旗仪式主题流程和"施

---

① 吴春宝：《国民心态培塑视角下的民族团结进步教育》，《湖北民族学院学报（哲学社会科学版）》2019年第1期。

② 资料来源：恩施州民宗局提供《民族团结进步创建项目化管理·学校类·恩施市施州民族小学》，获取时间：2023年6月30日上午。

小之星”评选写进行为礼仪规范校本教材，从各个方面渗透民族团结。发挥课堂作用，在课堂上要求讲普通话、早读经典、开展主题班会等，在学习中共创民族团结。运用新媒体、互联网开展“手拉手、心连心”活动，建立交往互助平台，并与江苏沧浪小学建立交流合作关系，促进各民族师生交往交流交融。

学校定期举办民族文化节、阳光体育节、智慧科技节“三节”活动。民族文化节通过民乐、民歌、民舞以及民族服装展示民族文化，提供交往交流交融平台；阳光体育节开展跳马、蹴球、踢毽、投沙袋、滚铁环等传统民族体育项目，搭建弘扬传统体育文化平台，推广少数民族体育运动，展现民族风采；校园科技节以“文化探究”为主题，开展爱国主义教育和革命理想教育，分年级组织参观历史古迹、土司城、博物馆、民族团结进步教育基地，学习民歌民舞，学习“恩施玉露”、刺绣、根雕、傩面等制作工艺，赋能优秀民族文化的传承。

（三）经验：文化认同在民族团结进步示范州创建中的成就

在新一轮的民族团结进步创建工作中，恩施州更加突出文化认同、文化自信以及增进共同性三个方面，并且在创建过程中取得新成就，为打造民族团结进步创建升级版提供丰富内容，得到各族群众的认可。

1.发挥“模范典型”的示范引领作用

一个模范就是一面旗帜，通过宣传先进模范，让各族群众学有方向、努力奋进。在民族团结进步创建工作中，恩施州政府高度重视树立典范。2019年，全州2家集体、6名个人被表彰为全国民族团结进步模范集体、模范个人，7家集体、9名个人被表彰为湖北省民族团结进步先进集体、先进个人；截至2022年，全州成功创建国家级示范区、示范单位19家，省级示范区、示范单位133家，恩施州8县市全部创建为全国民族团结进步示范区。[①]如“时代标杆”张富清、“恩施州风范长者”王德琼、新时代

① 资料来源：恩施州民宗局提供《2022年度示范单位材料》，获取时间：2023年6月30日上午。

的“花木兰”贺英女子民兵连。树立先进典型，具有示范引领作用，对“模范典型”的重视是民族团结进步创建工作重要的组成部分，为铸牢中华民族共同体意识示范创建提供坚实基础。

2.推进文化事业，增强文化认同，促进民族团结

恩施州各民族创造出了各具特色、丰富多彩的优秀传统文化，为从多个方面繁荣发展文化事业奠定了基础。一是对文化遗产进行挖掘和保护。截至2021年，恩施州有国家级非物质文化遗产16项，省级非物质文化遗产66项（加保护单位有76项），州级非物质文化遗产142项，县（市）级非物质文化遗产589项。[①]二是出台相关政策文件。如《关于进一步加强全国民族团结进步示范区建设工作的通知》《州民族宗教事务委员会委员制工作规则》《恩施州民族文化奖励办法》等。三是打造文化品牌，增强影响力。如“蓝焙恩施玉露”，打造出高品质的富硒茶。四是举办特色文化活动。如恩施土家女儿会、建始县黄四姐文化艺术节、巴东县纤夫文化节、咸丰县唐崖土司文化旅游节等，将特色文化与旅游融合，促进各民族交往交流交融。五是打造中华文化进校园。如利川市第二民族实验小学把各民族共享的中华文化符号和中华民族形象融入校园文化建设。在校园里打造了历史民族文化长廊、尚行文化长廊、时代精神谱系梯道，在教学楼墙面上绘制长达30余米的土家族苗族民俗长卷图，形成四大景观带的浮雕壁画。在尚行楼1—4层楼分别建设“红色党建”“民族团结”“国粹经典”等主题展示厅。在校园里营造了浓厚的中华文化建设氛围，体现了学校将优秀传统文化与中华文化高效结合的办学特色与文化包容性。

3.民族文化与旅游业相结合，推进文旅融合发展

现阶段旅游业发展迅速，特别是在疫情结束后，大众旅游热情急速升高，恩施州将民族文化与旅游相结合，实现民族文化价值的转化，促进恩施州的经济发展。一是将文化遗产元素融入旅游，充分发掘民族文化的时代价值。如利川“龙船调文化艺术节”与“肉连响”，来凤摆手舞、南剧

---

① 资料来源：恩施州文化和旅游局《恩施州非物质文化遗产代表性项目名录》，2021年11月16日。

以及地龙灯等等，提炼传统文化的精髓和特点，完美展现了各族人民对生活的美好追求和对中华优秀传统文化的由衷赞美。二是打造特色村寨旅游网红打卡地。将文化资源转变为旅游资源，提高旅游竞争力。如咸丰县忠堡镇马倌屯村、蛇盘溪村、唐崖土司城遗址、红色文化遗址等等。三是利用文化资源，开发特色旅游产品。如“西兰卡普”织品、恩施玉露茶等。四是组建民间艺术演展队伍与非遗传承人队伍。主要以文化认同为核心，实现民族文化、民族团结进步与景区发展等多项提升，如“土家女儿城表演队”。

4.完善公共文化服务体系，加强民族团结进步创建保障

进一步完善公共文化服务体系能够实现和保障各民族群众的基本文化权益，进而更好地发展推进民族团结进步升级版。首先，在基础设施方面，恩施州大力推进图书馆、文化馆、广播电视、文化信息资源共享工程等建设，以此保障基层文化设施的有效运转。其次，以“七进”（进机关、进乡镇、进企业、进社区、进学校、进宗教活动场所、进连队）为主阵地，深入开展民族团结进步创建工作，努力营造民族团结的良好氛围。最后，出台相关管理办法、文件，为推进民族团结进步升级版提供行动指南。如《关于开展民族团结进步示范市创建活动的实施意见》《恩施市民族团结进步创建活动实施方案》等。

（四）打造民族团结进步示范创建升级版面临的困境

1.具体实践失准

在调查中，一位民族宗教部门工作人员认为，在处理“四大关系”中，特别是中华文化与各民族文化之间的关系该怎么处理，比如说现在讲增进共同性、包容差异性，实际上怎么来平衡？增进共同性的方向是不能错的，但是不弄差异性就没有特色，具体在处理过程中有的就只讲共同性，差异性就不敢讲了；有一部分就只讲差异性，这两个没有有机结合起来。到底是共同性讲多一点还是差异性讲多一点，在处理过程中就没有很好的把握。有些部门进行创建工作时，为了突出民族特色，增加吸引力，过度强调恩施州本地的土家族、苗族的文化，强调的是文化的差异性，而忽视了共同性。恩施州部分干部的领悟意识还有待加强，对中央下达的文件，一部分干部的领悟还存在着偏差，对热点的关注度也不够，对铸牢中华民族共同体意识的理解还欠缺，思想不能与时俱进，还在用老办法去对待新事物。

2.宣传教育工作开展不够

铸牢中华民族共同体意识工作的开展离不开宣传教育，宣传教育也是民族团结进步创建工作的重要组成部分。目前，宣传教育活动的组织方式方法还不够丰富，引导干部群众自觉开展学习的方式方法有待进一步加强，需要进一步提质扩面。一是“铸牢中华民族共同体意识”教育的受众面不广。目前，主要是依靠各级民族宗教部门在努力宣传，需要兼顾政府各个部门发挥主动性，调动积极性，进一步深入普通群众中去。二是对“铸牢中华民族共同体意识”内容理解模糊。目前有少部分文艺工作者或民俗文化研究者仍以土家族、苗族为主的本土文化为傲，并作为研究和推广的重要内容，对中华民族共同性的文化研究和推广略显不足。三是宣传教育形式单一。在创建工作中还存在停留于表面，注重学习文件会议精神、拉横幅等形式上，结合恩施州实际情况进行宣传、创新不够。四是宣传教育内容缺乏时效性。如利川市的部分学校、社区在对民族团结进步创建主题的内容进行宣传时，其政策宣讲、会议精神传达等内容未能与时俱进。

3.缺乏专业人才

首先，在进行民族团结进步创建的工作中，多个部门都在进行相关工作，但正是因为相关部门很多，每个部门都在抓，使得各个部门做的工作不够深入，工作较为混乱，找不到头绪。其次，部门人手不足，工作负荷过重。我们在调查中了解到，民宗局专门做创建工作的人只有科长一人，虽然从其他部门抽调几个人进行协作，但是因为了解不够，所以基本算是只有一人来统筹全部的相关工作，工作负荷过重，全方位思考不到位。这在恩施州八县市是一个较为普遍的现象，缺乏专职人员，无法满足工作的开展。最后，缺乏专业指导。通过调查发现，许多在基层从事民族团结进步创建工作的人员并不“专业”，缺乏专业培训和理论培训，对民族工作的认识还不够清晰，存在着片面性，是打造民族团结进步创建升级版的影响因素。对民族团结进步创建与铸牢中华民族共同体意识示范创建之间的关系一些人认识得不够清晰，不知道应该从哪些方面入手。通过从“民族团结进步”创建方面来切入，是铸牢中华民族共同体意识示范创建的主要方向。

三、结果与讨论：完善铸牢中华民族共同体意识示范创建机制

“铸牢中华民族共同体意识是民族工作的实践总结。”[①]做民族工作，说到底是做人的工作。铸牢中华民族共同体意识是一项系统的国家工程，涉及不同领域和部门，需要全社会共同参与、各部门通力合作，从政治领导、理论建构、宣传教育、经济发展、社会结构等方面采取相应的对策。[②]多途径调动全社会力量，共同参与新时代党的民族工作，可以确保各项工作都向铸牢中华民族共同体意识聚焦。

（一）坚持党的集中统一领导，为铸牢中华民族共同体意识提供政治保障

坚持以党的建设统领经济社会发展全局，高举各民族大团结的旗帜，把铸牢中华民族共同体意识作为“纲”和“魂”，贯彻到示范创建工作全过程各方面。[③]铸牢中华民族共同体意识的挑战和困惑首先要提高思想和精神层面的认识，坚持党的集中统一领导原则，全面领会中央民族工作文件精神，各级各类创建主体高度重视，引导社会实现全民参与，把党的领导贯穿民族工作全过程，构建民族工作新格局。一方面，“党建+民族团

① 代洪宝、孟成全、田园：《论铸牢中华民族共同体意识的三重向度》，《江苏大学学报（社会科学版）》2023年第2期。

② 孔亭：《铸牢中华民族共同体意识面临的挑战与应对》，《江苏大学学报（社会科学版）》2022年第2期。

③ 中共中央统一战线工作部、国家民族事务委员会编：《中央民族工作会议精神学习辅导读本》，北京：民族出版社，2022年，第147页。

结”是筑牢社会和谐的基石。恩施州把创建全国民族团结进步示范州工作作为“一把手工程”，各级各类创建主体高度重视，形成“主要领导亲自抓、分管领导具体抓，相关部门协调配合、齐抓共管，各族干部群众广泛参与、共创共享”的工作格局。另一方面，全面领会中央民族工作会议精神。通过充分利用理论学习中心组、支部主题党日、党史学习教育、“四史”学习教育等载体开展专题学习，全面解读会议精神，做到原原本本学、深入思考学、联系实际学。确保中国共产党始终成为民族团结进步事业的领导核心，为铸牢中华民族共同体意识提供政治保障。

（二）深入持久开展民族团结进步创建工作，是铸牢中华民族共同体意识的重要载体

铸牢中华民族共同体意识是民族团结进步创建工作的根本方向，民族团结进步创建工作是铸牢中华民族共同体意识的重要载体，二者是方向引领与工作路径的关系。新时期，深入持久地开展民族团结进步创建工作，坚持绵绵用力，实现民族工作规范化、长期化发展。一是出台解读政策的文件。针对目前基层民族宗教工作者对于铸牢中华民族共同体意识工作的开展仍处于探索阶段，应出台解读政策的指导性文件，以把牢民族工作的正确方向。二是统一全州的宣传口径。将需要宣传的民族政策及相关法律法规等统一转化成更加通俗易懂的文字资料，凸显宣传效果。三是创新铸牢中华民族共同体意识载体模式。2016年“全国民族团结进步示范州”的创建成功，得益于形成的高位推动机制和建立的长效机制。其中，“六进”是开展民族团结进步创建工作的主阵地。[①]第二轮“民族团结进步示范州”的创建，在原有的基础上进一步提出了“7+N进”[②]创新模式。面临新形势恩施州完善铸牢中华民族共同体意识示范创建机制，打造民族团结进步示范创建升级样板。推进“创建+”不断丰富和发展创建工作，形成“创建+产业振兴”“创建+社会治理”“创建+文化传承”“创建+区域

① 冉红芳、田敏:《民族团结进步州创建的文化机理研究——以恩施土家族苗族自治州为例》,《广西民族大学学报》2018年第6期。

② 即进机关、进企业、进社区、进乡镇、进学校、进宗教活动场所、进乡村+N进。

联动”“创建+易地扶贫搬迁小区”等载体和模式，促进创建工作与州委中心工作深度融合，高效联动。这些新载体、新模式将进一步加强与高校“研学”平台合作的力度，有形、有感、有效打造全国民族团结进步示范州升级版。铸牢中华民族共同体意识是民族团结之本，民族团结是我国各族群众的生命线，民族团结进步创建工作永远在路上。

（三）树立和突出中华文化共享符号，全面推进中华民族共有精神家园建设

树立和突出各民族共享的中华文化符号和中华民族形象，增强各族群众对中华文化的认同。文化认同是“五个认同”中最深层次的认同，是铸牢中华民族共同体意识的基础。学校是铸牢中华民族共同体意识的主阵地，学校有完备的基础设施和师资力量，能够发挥课堂思政的重要作用，学生可以积极开展自我教育，增强铸牢中华民族共同体意识的理论认知、思想自觉。恩施市专题部署民族团结进步示范创建进校园活动，将中华优秀传统文化、红色文化、社会主义先进文化融入校园文化，全市中小学设置中华民族共同体意识宣传栏270余个，建成中华民族共同体意识教育文化墙、文化长廊100余个，扎实开展“五旗五徽”主题活动。学校教育成为铸牢中华民族共同体意识的重要路径，是传播、传承中华文化的主阵地，要有中华民族共同体与中华优秀传统文化的格局与视野，要突出注重各民族文化的共性，全面体现中华文化与各民族文化“根”与“枝叶”的关系，根深才能枝繁叶茂。

中华文化是各民族文化的集大成者，恩施土家族、苗族、侗族等各民族的文化都是中华文化的重要组成部分。在对中华文化高度认同的基础上，保护和发展少数民族文化，推动中华优秀传统文化创造性转化和创新性发展，促进优秀传统文化的创新交融。树立和突出中华文化符号和中华民族形象，强化中华民族共同体的文化辨识度和文化特性，将中华优秀传统文化传承与创新推向新的更高层次的文化自觉与文化自信，成为中华民族共同体建设的精神动力。

（四）促进各民族交往交流交融，推进建立互嵌式的社会结构和社区环境

促进各民族交往交流交融，构建各民族相互嵌入式社区环境是铸牢中华民族共同体意识的基础性条件。[①]社区是各族群众进行生产生活的最基本单元，是民族团结进步创建工作开展的重要抓手，是开展铸牢中华民族共同体意识工作的重要场域。习近平总书记强调，社区是各族群众共同的家，民族团结一家亲。要深入推进民族团结进步创建进社区，把社区打造成各族群众守望相助的大家庭，积极创造各族群众安居乐业的良好社区环境。

要优化互嵌式社区环境，促进各民族交往交流交融，要更多融入人文关怀，将心比心，以心换心。各民族的“三交”，交往是形式，交流是内容，交融是本质。“三交”的形式是推进建设互嵌式社区，通过抓住空间互嵌、文化互嵌、经济互嵌、社会互嵌、心理互嵌这五个方面，构建多维度、打造全方位的互嵌格局。“积极营造各民族共居共学共事共乐的社会条件，开展各族群众交流、培养、融洽感情的工作，形成密不可分的共同体。”[②]通过鼓励引导以社区、学校、企业、楼栋为单位的基层各族群众互嵌式居住，以村落节日文化为契机，开展丰富多彩的群众性联谊活动，不断增强各族群众对共同家园的认同感、归属感，推动实现各民族在空间、文化、经济、社会、心理等方面的全方位嵌入，不断巩固中华民族共同体思想基础，促进各民族在中华民族大家庭中像石榴籽一样紧紧抱在一起。

铸牢中华民族共同体意识赋予民族团结进步创建以精神力量，民族团结进步事业赋予铸牢中华民族共同体意识示范创建以深厚底蕴。铸牢中华民族共同体意识工作的落实，说到底就是为百姓排忧解难，成为百姓心中的党组织，百姓心中的好帮手。在铸牢中华民族共同体意识工作中，当好铸牢中华民族共同体意识的建设者、推动者、引领者、维护者和践行者，

① 郝亚明：《论中华民族多元一体格局与中华民族共同体建设》，《湖北民族学院学报（哲学社会科学版）》2019年第1期。

② 中共中央办公厅 国务院办公厅印发《关于全面深入持久开展民族团结进步创建工作铸牢中华民族共同体意识的意见》，新华社2019年10月23日。

以实际行动迎接恩施州四十周年州庆！当下，全州把民族团结进步创建工作与下基层、察民情、解民忧、暖民心实践活动结合起来，着力兴办一批人民群众看得见、摸得着的实事，推动创建工作走深走实，[①]把民族团结进步创建工作同人民群众最关心、最直接、最现实的利益问题结合起来，进一步提升各族群众的获得感、幸福感、安全感才是铸牢中华民族共同体意识示范创建的真正内涵。

---

① 胡超文:《高水平创建全国民族团结进步示范州》,《中国民族报》2022年7月22日。

构建新时代民族工作格局视角下铸牢中华民族共同体意识县域实践研究

——基于湖北省F县的调查

唐胡浩[①]

在新时代民族工作以铸牢中华民族共同体意识为主线的指引下，全国各地积极探索理论如何指导铸牢中华民族共同体意识工作实践，如何服务于建构铸牢中华民族共同体意识新格局。从县域层面来看，目前铸牢中华民族共同体意识工作还存在一系列问题需要解决，一些地区在实践中取得了一些突破，有效化解了部分问题。但是，仍可从建立良性体制机制、构建指标体系、吸纳有效资源、形成地方经验指导等方面予以提升。

关键词：新时代民族工作格局；铸牢中华民族共同体意识；县域

党的十八大以来，以习近平同志为核心的党中央高度重视我国民族工作领域出现的新变化和新问题，科学提出了以“铸牢中华民族共同体意识”为核心关键词的一系列新思想、新理念、新要求，从国家战略高度推动新时代民族工作高质量发展。2014年新疆工作座谈会到2021年中央民族工作会议的八年间，中央有关“中华民族共同体意识”的论述，由“牢固树立”到“积极培育”，再到“铸牢”，并进一步深化为“扎实推进铸

① 唐胡浩，中南民族大学民族学与社会学学院副教授。

牢”，这不只是词汇上的变化，而是反映了党和国家在处理民族问题时指导思想的逻辑演进，更是以务实的态度强调了在民族工作实践中推进铸牢中华民族共同体意识的时代必要性和重要性。

一、文献回顾

铸牢中华民族共同体意识研究成果极为丰富，总体来看学者们大致沿着以下三条路径展开论述。

一是阐述“中华民族共同体意识”形成的历史脉络。这类研究通常会诉诸一个“过去 — 现在 — 未来”的潜在思维线索，认为中华民族共同体意识有一个孕育、形成与发展的历史过程。二是在阐述铸牢中华民族共同体意识内涵的基础上论证其新时代意义。学者普遍认为铸牢中华民族共同体意识是中国共产党人对马克思主义民族理论的继承、发展和创新，是一项系统完整的建设工程，具有政策延续性、现实回应性、理论创新性等特征，其内涵可以理解为“精神力量之魂”“国家统一之基”“民族团结之本”。三是阐述铸牢中华民族共同体意识的路径选择以及实践经验。学者强调需要以共同性为根基和主流，同时尊重和包容差异性，并从文化认同、心理认同、边疆和社区治理、法治建设、国民教育、实践经验等不同视角进行深入剖析。

有研究基于“中华民族共同体意识”概念的阐发，从多个维度论证其形成过程和价值蕴含，深刻剖析了铸牢中华民族共同体意识的时代意义，并提供了多元路径。但相对来说，历史渊源梳理、理论概念厘清、宏观对策建议等研究较多。“这种研究路径的遗憾之处在于其一定程度上存在宏大叙事过度化、理论探讨同质化的缺陷”。[①]在民族工作以铸牢中华民族共同体意识为主线的指引下，理论探讨如何指导实践，如何服务于民族工作新格局的建构正是当前亟待解决的问题。本研究拟通过以湖北省F县铸牢中华民族共同体意识相关举措为分析对象，在县域空间范围内总结基层

① 李修远：《城市民族互嵌式社区建设中的集体认同 —— 对铸牢中华民族共同体意识的多元视角思考》，《西北民族大学学报（哲学社会科学版）》2022年第3期。

经验与不足，通过理论与实践的对照，为推动铸牢中华民族共同体意识不断深化提出建议。

二、县域铸牢中华民族共同体意识实践中的普遍性问题

2021年中央民族工作会议指出构建新时代民族工作格局，即全国要重新搭建起新的民族工作体制机制，开创新的工作局面。从县域层面来看，不仅需要打破传统的民族工作格局，更是要破除体制内外所有人员陈旧的民族工作观念，要在加强党对民族工作全面集中统一领导的前提下，进行一场全面的思想观点革新和民族工作方法创新。虽然各地在铸牢中华民族共同体意识方面有诸多创举，但也存在着一些较为普遍的问题。

（1）铸牢中华民族共同体意识精神实质把握不够全面。铸牢中华民族共同体意识需要全社会力量的共同参与，而其中各级党政部门，应成为铸牢中华民族共同体意识的主力承担者。[①]要肩负起主力军的重责，就需要党政主要领导对铸牢中华民族共同体意识的重要意义和精神实质有全面科学的认知，才能贯彻融通进地方施政的各个方面。近年来，地方政府在打赢脱贫攻坚战、全面建成小康社会和推进乡村振兴等重大国家战略实施中耗费巨大精力，工作理念和思路产生了一些惯性，较为重视经济社会发展，民族工作领域常常被轻视和边缘化。一段时间里，基层党政主要领导对铸牢中华民族共同体意识是维护各民族根本利益、实现中华民族伟大复兴的必然要求理解不透彻，也没有意识到其对凝聚地方发展内生动力的重要性。中央强调正确把握物质与精神的关系，要善于从政治上考虑民族地区经济社会发展问题，其精神实质是要求既“管肚子”，也“管脑子”，要把铸牢中华民族共同体意识与地方经济社会发展有机联结起来，要在维护统一、反对分裂、改善民生、凝聚人心等诸多方面彰显其意义。

（2）民族工作部门推进铸牢中华民族共同体意识的力度有欠缺。许多民族工作部门内部人员结构老化，缺少有干劲、有能力的工作人员，导致

① 高永久：《正确认识铸牢中华民族共同体意识中的几个重要关系》，《广西民族大学学报（哲学社会科学版）》2019年第6期。

部门活力不足，创新性工作开展缓慢。而在县域横向比较中，民族工作部门掌控资源有限，在地方行政体系内话语权较小，难以总揽全局工作，主要体现在：一是缺乏支撑。在地方重大决策中，民族工作部门发声少，且主导的相关项目、活动等难以及时落地。同时，工作部门编制少，人员更替困难。二是难以形成工作合力。铸牢中华民族共同体意识不是一家之事，而是一项政治性、政策性、群众性强，覆盖面广的工作。但是，既定的职能范围和层级制结构“导致各部门之间形成了清晰的边界”。① 出于本部门利益为先的考虑，民族工作部门开展相关工作时难以形成合力。三是自身执行力有限。受限于人员自身素质和多年的工作惯性，形式主义、文牍主义作风还存在，对上级的政策、指示精神理解不透彻，贯彻不落实，导致执行不到位等问题的发生。

（3）基层缺乏有操作性的铸牢中华民族共同体意识行动方案。“铸牢”这一前缀词汇本身就是一种实践行动的体现，“是将各民族成员对中华民族共同体这一客观实体的模糊认识进行清晰化，通过实践引导使之凝结成具有情感倾向与价值认同观念的过程”。②但是县域内乡镇村、社区、企事业单位虽然有意于推进铸牢中华民族共同体意识，却苦于无实际抓手，如何结合地方历史与现实条件具体开展铸牢中华民族共同体意识工作成为一大症结。不少地方还停留在口号式、标语式的传统宣传策略上，铸牢中华民族共同体意识如何贯穿融合进党的建设、乡村振兴、社会治理等地区、行业中心工作，缺乏具体行动方案。

（4）铸牢中华民族共同体意识的社会教育存在缺失。要构建新时代民族工作格局，重点在于全体国民的参与，形成各民族拧成一股绳的强大认同感。需要“使各民族成员都理解、认可并接纳中华民族共同体，形成一种明确的、具体的、有实践驱动力的观念集合”。但是，许多地方还在一味突出民族与地域的差异性，在经济社会发展中不时贴出差异化标签，甚至存在地方保护主义思想，人为构筑起区隔不同民族、不同地区的藩篱。

---

① 刘锦：《地方政府跨部门协同治理机制建构——以A市发改、国土和规划部门“三规合一”工作为例》，《中国行政管理》2017年第10期。

② 汤夺先、刘辰东：《新时代铸牢中华民族共同体意识的行动要点》，《中南民族大学学报（人文社会科学版）》2022年第6期。

究其根源，一方面有历史性原因，如一些学者指出的民族研究常局限于少数民族，“势必不容易看到这些少数民族在中华民族整体中的地位以及他们和汉族的关系”。[①]或者说，过去“过于强调组成中华民族的各民族群体的地位、权益和发展，中华民族的整体意识被弱化、虚化”。[②]另一方面，从铸牢中华民族共同体意识的实践来看，社会教育领域主体弱化，加之环境复杂、载体不多、权威不足等短板和弱项同时存在[③]，导致社会教育困难重重，难以引导群众走出较低层次的本民族、本地区认同。

（5）对国家发展战略与铸牢中华民族共同体意识的内在关联性认识不足。在打赢脱贫攻坚战、全面建成小康社会之后，共同富裕、乡村振兴、城乡区域协调发展等成为我国战略推进中的核心词汇，要实现这些目标，重点在以县域为空间的场域。而且“推行从增长优先到共同富裕的战略举措、推动城乡融合……是铸牢中华民族共同体意识在经济实践中的努力方向”。[④]因此，上述系列国家战略与铸牢中华民族共同体意识之间存在着密切的内在关联性，共同指向的目标也具有高度的一致性。但是，不少地区在进行县域层面经济社会发展规划中，无意中割裂了它们的关联性，没有认识到“铸牢中华民族共同体意识是优化民族关系、设计社会模式与建构多民族国家发展制度的综合集成性思维”。[⑤]致使各类发展规划成为一个个项目式的拼图，在工作中缺乏顶层设计的指导，削弱了铸牢中华民族共同体意识的现实价值。

---

① 费孝通：《中华民族多元一体格局》，北京：中央民族大学出版社，2018年，第49页。

② 董楠：《铸牢中华民族共同体意识的路径选择》，《北方民族大学学报（哲学社会科学版）》2019年第2期。

③ 张明进、李玉雄：《民族地区乡村铸牢中华民族共同体意识的实现路径——基于广西木寨村的个案分析》，《北方民族大学学报》2022年第2期。

④ 李亮：《全面推进铸牢中华民族共同体意识的经济实践》，《中南民族大学学报（人文社会科学版）》2022年第5期。

⑤ 李维军、杨丽：《社会工程思维与铸牢中华民族共同体意识的辩证实践》，《广西民族研究》2021年第5期。

三、F县铸牢中华民族共同体意识的基本实践框架

F县位于湖北省西南部，地处鄂、湘、渝三省市交界处，是巴楚文化重要沉积带和土家文化重要发祥地。第七次人口普查数据显示该县总人口33万，共有26个少数民族。其中，土家族占34%，苗族占20%，是典型的多民族聚居县。该县已连续六次被国务院授予“民族团结进步模范集体”称号，2020年，成功创建为省级民族团结进步示范区。该县以铸牢中华民族共同体意识为引领，其他相关中心工作主动融合其中，并以民族团结进步创建活动为主要抓手，编织出一张从县委、县政府到各族群众汇聚在一起的网络，不断凝聚人心，激发热情，正向促进和全面提升县域内铸牢中华民族共同体意识水平。

（1）秉持县域全局视角不断提升和突出铸牢中华民族共同体意识价值引领。县乡各级党委政府要转换民族工作理念，把铸牢中华民族共同体意识贯穿于地方工作的各方面。F县从领导干部学习、保障与考核制度建设、发展规划等多个层面入手，形成了完整的工作体系，不仅强化了民族工作中以铸牢中华民族共同体意识为主线，还提升了县域统筹发展能力，在意识形态上、在发展理念上获得新的价值引领。实践过程中，一是强化制度保障。成立县铸牢中华民族共同体意识工作领导小组并建立“四同”工作机制，将铸牢中华民族共同体意识、民族团结进步创建工作与县域其他中心工作同谋划、同研究、同部署、同检查。二是打牢党员干部思想基础。把铸牢中华民族共同体意识纳入干部教育、党员教育体系。三是完善考核机制。将铸牢中华民族共同体意识工作纳入全县综合目标考核体系。

（2）推动多元主体共同构筑铸牢中华民族共同体意识工作网络。民族工作部门积极作为，从边缘走向地方行政中心，担负起铸牢中华民族共同体意识政策解读、宣传、方案制定、工作建议和指导等各项工作。从工作网络本身的架构来看，F县民族工作部门的网络中心性非常明显，充分发挥其桥梁作用，居中协调功能凸显：一方联结了县党委政府对铸牢中华民族共同体意识工作的顶层设计，另一方联结了县域内政府部门、企事业单位、社会组织等其他相关工作主体的工作实践，构建起一个权责分明而又主线明确的工作网络，有效化解了行政工作中常见的虚化现象。作为枢纽

的民族工作部门积极与各方沟通协调，确保信息流通和意见建议反馈渠道的畅通，网络有效性得以显现。

（3）以创新性实践夯实铸牢中华民族共同体意识组织根基。县域内所辖企业、学校、社区等各基层单位处于网络各个节点之上，分别从本单位实际情况出发，积极开展丰富多彩的铸牢中华民族共同体意识活动，把组织内人员聚集在一起，完成铸牢中华民族共同体意识工作从点到面的拓展，不断夯实组织根基。具体来看，各基层单位注重把铸牢中华民族共同体意识贯穿于工作实际，以组织目标实现为导向，强化群体认同感和凝聚力。由此，在社会结构层面上，该网络的节点得以稳固。在此基础上，进一步通过组织间的联系和相互工作上的嵌入，夯实铸牢中华民族共同体意识组织根基。如该县某民族小学，从少数民族传统文化中提炼代表性图案纹样元素对部分墙体壁画进行装饰，并与“中华民族一家亲，同心共筑中国梦”等主题标语和“贺龙两进百福司”的红色故事壁画结合起来，展示各民族共同奋斗历程。利用当地开展龙舟会的契机，制作赛龙舟、插艾叶、包粽子等图文资料，把地方历史、民俗与中华优秀传统文化相结合，增强师生对中华民族共同体的了解。通过乡村少年宫，实现校内外资源的有效结合，惠及附近乡村更多少年儿童，扩展了铸牢中华民族共同体意识的辐射空间。再比如该县某香料化工有限公司，将共和国勋章获得者张富清老人的奉献精神植入企业文化之中，激发企业员工的爱国主义热情。

（4）在交往交流交融中深化对中华民族共同体的全面认同。“中华民族共同体意识的社会建构本质是从政治象征到社会承认的过程”，[①]即社会群体形成整体性认同。要实现这一目标，需要全体社会成员共同参与到铸牢中华民族共同体意识的社会建构过程中，而这一过程则需要社会教育的支持，更需要各民族成员在日常交往交流交融中加深对彼此共性的了解和认识，在把握增进共同性、尊重和包容差异性这一重要原则基础上，不断强化对“四个共同”的中华民族历史观的认同。F县一方面坚持以润物无声的方式，依托村（社区）文化广场、图书室、农家书屋、人民调解

① 王云芳：《中华民族共同体意识的社会建构：从自然生成到情感互惠》，《中央民族大学学报（哲学社会科学版）》2020年第1期。

室等阵地和现代媒体平台，开展“民族团结进步宣教月”“民族文化进校园”“千村万寨心向党·载歌载舞庆丰收”等活动，将铸牢中华民族共同体意识宣传教育同社会主义核心价值观教育、民族团结进步教育、党史学习教育、普法教育等相互融合。同时，利用民族节庆寓教于乐。通过地方各族群众喜闻乐见的摆手舞、山民歌、三棒鼓、龙舟赛等民族文化活动，增进各族群众情感联系。再者，通过典型示范引领形成集体认同。通过新型南剧《初心》《本色》和电视剧《功勋》等展现地方民族团结进步典型人物向勤仕、老英雄张富清等人的事迹，凝聚起团结奋斗新时代的强大力量。通过体育竞赛、文化展演等，加强与毗邻湖南、重庆等省市各族群众的联系，构建和谐区域民族关系。由此，各族群众逐渐增强对不同民族不同地域人群之间共同性的理解，中华民族共同体意识不断得到强化和深化。

四、进一步促进县域铸牢中华民族共同体意识的若干建议

（1）形成党委引领 — 部门遵循 — 基层创新 — 县域升级的良性体制机制。县域内完善铸牢中华民族共同体意识的体制机制是形成新时代党的民族工作格局的根本保障。中央民族工作会议提出“两摆”和“两个纳入”等，就是对体制机制运转中提出的新要求，是站在新的历史高度从根本上创新原有的民族工作方式方法。新的民族工作格局在实践中发挥功能依赖于各个环节的高度协同，党委要加强对民族工作的统一领导，从顶层设计角度考虑工作部署；政府要强调法治思维，把法治作为民族事务治理的基本途径和基本方式；统战部门、民族工作部门作为党委和政府的组成部门要担负起组织协调、具体执行等职能；而其他党政部门则在统一指挥下依据分工不同而各负其责，最终开创出全社会共同参与的新局面。我们认为，这其实就是要形成党委引领 — 部门遵循 — 基层创新 — 县域升级的良性循环，县级党委要担负起主体责任，切实发挥引领作用。各个部门则要围绕党委核心，严格遵循各项工作部署安排，确保形成连续有机的工作链。与人民群众联系最为紧密的基层组织，则要勇于创新，引导各族群众参与到铸牢中华民族共同体意识的行动中。

上述所说体制机制的完善，其背后的考虑主要是基于县域发展动力的角度提出的。习近平总书记在赋予改革发展的“三个意义”中指出要彰显中华民族共同体意识，凝聚人心等意义。反过来理解，铸牢中华民族共同体意识，凝聚人心也能给予改革发展以动力，二者互为助力。对县域改革发展来说，国家、省、市等宏观层面的宪法、法律、规章及政策等都是既有的制度环境，需要配以基于县域实际而进行的体制机制创新。再进一步思考，创新性的体制机制又需要县域内行动主体思想观念的变革和统一作为支撑，“许多新制度之所以流于形式或者被束之高阁，原因就在于缺乏一个深层观念的变革作支撑”①，这个支撑即为内生动力的源泉。在后扶贫时代，县域内许多工作的明确性远不如脱贫攻坚时指标体系的完整，工作盲目性和惰性在增加，而以铸牢中华民族共同体意识为主线的民族工作有效嵌入地方经济社会发展中，既有利于体制内的工作方向从模糊性转向明确性，也有利于县域社会生活领域内各族群众形成高度凝聚力。也就是说在铸牢中华民族共同体意识的引导下，体制机制得以变革并适应新发展的需要。同时，县域干群观念得以更新，从而可以为变革提供思想理论基础和内生动力支撑。

（2）以开放性视角构建铸牢中华民族共同体意识指标体系。县域范围内铸牢中华民族共同体意识的成效需要通过理论与实践的结合来检验，最好的方式是依托一套完整的工作指标体系进行考评。指标体系的构建既有利于随时进行工作监督考核，更重要的是对各部门给予一个明确的指导，以便于工作的顺利开展，发挥导向作用、激励作用、改进提升作用。②各地区经济社会发展差异较大，民族工作面临的具体情况也各不相同，铸牢中华民族共同体意识的基础也较为悬殊。因此，需要以习近平总书记有关民族工作系列重要讲话精神为内核，在对地方现有工作成效进行深入调查研究的基础上，构建一套科学合理的指标体系，以考核评估铸牢中华民族共同体意识工作实践。这套指标体系必须与地方实际情况相结合以体现民

① 赵华、张荣华：《县域经济发展动力的制度分析：框架与逻辑》，《广西社会科学》2013年第4期。

② 任玉丹：《铸牢中华民族共同体意识教育成效评价指标体系构建研究——基于CIPP模式和知信行理论》，《西南民族大学学报（人文社会科学版）》2022年第2期。

族工作区域性特征，要以开放性的视角去构建，即落实中央民族工作会议上所说“民族工作政治性、政策性、群众性强，覆盖面广，涉及方方面面，不是一域之事，一家之责”“各地区、各部门都要在党的集中统一领导下，紧密结合主责主业”[①]等精神，要广泛考虑县域内不同单位在铸牢中华民族共同体意识中所应发挥的功能，必须实现的目标，要真正把这项工作当成县域内各部门内部事务的有机组成部分，当成一个开放性的互促性事业。

（3）以“五个共同”“五个认同”为核心广泛吸纳铸牢中华民族共同体意识有效资源。铸牢中华民族共同体意识不是空中楼阁的搭建，其强大的根基在于习近平总书记所说的“五个共同”，要围绕“五个共同”对原有各类资源进行正确阐释，澄清模糊认识，纠正错误观点，不断增强各民族成员“五个认同”。因此，在县域范围内铸牢中华民族共同体意识，必然要求我们在实践中积极依托既有的各类思想资源、文化资源、社会资源、制度资源等，从当地各族成员共同的历史记忆、群体互动、文化共生、经济互补中汲取养分。要把“立足各民族、地域、群体等具体客观实际，增强中华文化的吸引力、民族精神的感召力和社会主义核心价值观的凝聚力”[②]这些观念，以地方资源进行充实，让观念意识中的概念具象化为各族群众熟悉的、体验过的生活经验。要从历史发展脉络中梳理共同性资源，即“以共同性为根基和主流，同时尊重和包容差异性”。[③]在资源开拓过程中，要把有关的资源进行整合，积极打造县域铸牢中华民族共同体意识资源网络。把各民族成员“三交史”、流动融居现实、共同富裕愿景都纳入其中，把民族团结进步教育基地、爱国主义教育基地、文化场馆、文物古迹、红色遗址、自然人文景观等统筹管理。如果不进行整合，县域内各类资源其实是一种分散性资源，常常以碎片化的形式存在，难以

① 中共中央统一战线工作部、国家民族事务委员会编：《中央民族工作会议精神学习辅导读本》，北京：民族出版社，2022年。

② 宫丽：《铸牢中华民族共同体意识的文化路径》，《中南民族大学学报（人文社会科学版）》2019年第4期。

③ 董慧、王晓珍：《增进共同性：铸牢中华民族共同体意识的重要方向》，《华中科技大学学报（社会科学版）》2022年第3期。

对各族群众铸牢中华民族共同体意识产生持续性影响。同时，分散性碎片化的教育资源容易过度突出民族间、地域间的差异性，不利于凸显蕴含其中的共同性。

（4）围绕妥善处理“四个关系”形成地方铸牢中华民族共同体意识经验指导。县域范围内建立起铸牢中华民族共同体意识体制机制、构建指标体系、聚集各类资源都是谋长远的举措，为保证方向的正确性、工作的连续性以及应对问题的灵活性，还必须在实践中妥善处理好“四个关系”。这“四个关系”基于多年来民族工作领域存在的问题而提出，具有明确的针对性。这“四个关系”贯穿了马克思唯物主义观点，既讲认识论又讲方法论，既讲矛盾的普遍性又讲矛盾的特殊性，辩证统一地解决了铸牢中华民族共同体意识“怎么看”“怎么做”的问题。

五、结　语

通过前文讨论，我们应当清醒地认识到，县域层面铸牢中华民族共同体意识还存在着不少短板，其原因较为复杂，既有历史遗留性问题，也有现实问题；既有思想观念问题，也有工作方法问题。应当积极建构起新时代党的民族工作格局，把铸牢中华民族共同体意识作为党的民族工作的纲。铸牢中华民族共同体意识是一项系统完整的建设工程，它包含着“继承历史、立足当下和面向未来”的三层内涵。[①]要实现铸牢中华民族共同体意识与县域内其他中心工作的相互融合不能一蹴而就，必须从历史、当下和未来三个层次下功夫，在党委政府的指导下，立足于本县各族群众交往交流交融的历史，充分展现区域发展进程中共同奋斗的当前成就，持续统筹乡村振兴、城乡协调发展，借助于各族人民对美好生活的追求，凝聚人心，汇聚力量，在物质和精神两个层面不断铸牢中华民族共同体意识。

① 平维彬：《历史、当下与未来：铸牢中华民族共同体意识的三重向度》，《贵州民族研究》2019年第9期。

民族地区旅游产业促进各民族交往交流交融的现实路径

——基于巴东县野三关镇旅游产业的调查

王　潇[①]

新时代，旅游业正发挥着日益重要的作用。在民族地区大力发展旅游业，不仅能为当地带来可观的经济效益，促进各民族共同富裕，还能更好地展现民族文化的魅力，助推各民族交往交流交融。基于旅游地的共享场域，各民族在居住格局、经济、文化、情感等方面实现全方位互嵌，增强了相互之间的认同感和亲近感，进而为铸牢中华民族共同体意识提供了重要推力。

关键词：民族地区；旅游产业；交往交流交融；野三关镇

一、问题的提出

民族交往交流交融是民族团结进步创建工作的主要内容，是铸牢中华民族共同体意识的重要途径。2010年1月，胡锦涛在第五次西藏工作会议上初次提出“民族交往交流交融”这一概念，2011年5月，杜青林在赴云

① 王潇，中南民族大学博士研究生。

南考察时，对民族交往交流交融进行阐释。[①]2014年，习近平总书记在中央民族工作会议上提出“加强各民族交往交流交融，尊重差异，包容多样，让各民族在中华民族大家庭中手足相亲，守望相助”。[②]2017年，习近平总书记在党的十九大报告中强调“全面贯彻党的民族政策，深化民族团结进步教育，铸牢中华民族共同体意识，加强各民族交往交流交融，促进各民族像石榴籽一样紧紧抱在一起，共同团结奋斗、共同繁荣发展”。[③]2019年，在党的十九届四中全会上，习近平总书记专门提到“全面深入持久开展民族团结进步创建，加强各民族交往交流交融”。[④]2022年6月，文化和旅游部、国家民委、国家发展改革委三部门联合印发文件《关于实施旅游促进各民族交往交流交融计划的意见》，决定实施旅游促进各民族交往交流交融计划，以旅游业高质量发展推动各民族在空间、文化、经济、社会、心理等方面全方位嵌入，铸牢中华民族共同体意识，加强中华民族共同体建设。

学术界对于“各民族交往交流交融”的研究已有很多。“铸牢中华民族共同体意识视角下各民族交往交流交融典型案例调查研究”课题组，基于十个“三交”典型案例，阐述了新时代各民族交往交流交融的实践现状。选取的案例涵盖全国各个区域，且具有当地特色和典型性，大部分是多民族杂居区域，体现了新时代各民族交往交流交融的现状和特点。[⑤]杨须爱认为，中国共产党提出的“民族交往交流交融”思想，是对马克思民族融合理论的继承和发展。全面正确地解读该思想，有助于民族工作的开

---

① 陈永亮：《关于“加强民族交往交流交融”理论的思考：中央民族工作会议精神学习体会》，《民族论坛》2014年第2期。

② 王正伟：《做好新时期民族工作的纲领性文献——深入学习贯彻习近平总书记在中央民族工作会议上的重要讲话精神》，《中国民族》2015年第3期。

③ 习近平：《决胜全面建成小康社会 夺取新时代中国特色社会主义伟大胜利——在中国共产党第十九次全国代表大会上的报告》，《人民日报》2017年10月28日。

④ 《中国共产党第十九届中央委员会第四次全体会议公报》，新华社2019年10月31日。

⑤ 孙嫱、赵罗英：《新时代各民族交往交流交融的实践研究——基于十个“三交”典型案例》，《中华民族共同体研究》2022年第2期。

展。[①]何星亮[②]、郝亚明[③]对其实践价值意义进行分析，认为它是铸牢中华民族共同体意识的关键。还有一些学者从交往交流交融三者的关系辨析进行研究。

民族交往交流交融的方式有很多，其中旅游促进民族交往交流交融是重要的一条。在三部门联合出台旅游促进“三交”的文件后，各地政府陆续出台文件，开展试点，打造彰显中华民族共同体意识的旅游精品路线等，以实际行动落实中央文件。云南省民族宗教委、省文化和旅游厅联合印发《关于开展民族团结进步创建“进景区”的指导意见》，明确了云南省2022—2025年的工作目标。云南省委统战部副部长、省民宗委主任拉玛·兴高对政策进行了解读，并对云南如何开展工作进行了部署和计划。[④]河北、天津、甘肃、广西、广东等地也积极开展试点活动。王玉清、李东、陈玥彤对新疆南疆地区旅游促进民族交往交流交融的路径进行分析，并提出了相应的对策。[⑤]

由此可见，在民族地区推动旅游业的发展，不仅能为民族地区带来经济效益，促进各民族共同富裕，还能更好地展现民族文化的魅力，在同一场域内实现各民族文化的交流，更好地促进各民族交往交流交融。野三关镇作为湖北省旅游名镇，其优越的地理位置和独特的历史、自然风貌吸引众多游客前来避暑旅游，正适合开展“旅游促进三交”这一项目。

---

① 杨须爱：《马克思主义民族融合理论在新中国的发展及“民族交往交流交融”提出的思想轨迹》，《民族研究》2016年第1期。

② 何星亮：《民族交往交流交融促进中华民族复兴》，《人民日报》2017年7月28日。

③ 郝亚明：《以铸牢中华民族共同体意识为目标，促进民族交往交流交融》，《中国民族报》2019年3月22日。

④ 孙文振：《全力推动旅游促进各民族交往交流交融——云南省委统战部副部长、省民宗委主任拉玛·兴高解读〈关于开展民族团结进步创建“进景区”的指导意见〉》，《中国民族报》2022年9月20日。

⑤ 王玉清、李东、陈玥彤：《旅游促进南疆地区民族交往交流交融的实现路径探析》，《湖北文理学院学报》2020年第11期。

二、野三关镇发展旅游业的条件

（一）得天独厚的自然资源

1.舒适的自然环境

野三关镇地处巴东县东南部，地处武陵山区，气候温和偏寒。野三关镇境内巫山余脉延伸，地势由西北向东南逐渐降低，镇域平均海拔1200米。这里平均气温要比恩施州低10℃左右，每到酷夏时节，仍然空气凉爽。植被覆盖面积大，空气清新，富含丰富的氧离子，被称为“天然氧吧”。因此，每到酷暑时节，都有大批武汉、荆州、四川等地的游客来这里避暑旅游，亲切地将这里称为“华中凉都”“武汉后花园”。

2.丰富的景区资源

野三关风景秀美，具有丰厚的自然旅游资源。野三关镇目前拥有两个国家级3A景点，森林花海景区、邓玉麟将军故里——石桥坪；一个省级工业旅游示范点，三峡酒业博物馆；此外还有“世界第二高铁索悬桥”——四渡河大桥、天生石桥、穿心岩、仙人岩、巴山松等景点。据政府工作人员介绍，森林花海景区已在申报国家4A级景区，有望申报成功。其次政府计划在四渡河大桥旁边开发高山岩谷旅游项目；计划挑选合适的位置，在悬崖边开发攀岩等娱乐项目；针对石桥坪的目前状况，计划在该村内继续加强各小景区的开发建设，如开发地王宫殿景点等。这些景点都将为未来野三关的旅游增添色彩。1992年，野三关被录入《中国著名乡镇》丛书；1999年，野三关镇被授予“省级文明乡镇”称号；2021年，野三关镇入选“湖北省旅游名镇”名单。

（二）多彩灿烂的文化资源

1.厚重的历史底蕴

野三关是北宋名相寇准止猎劝农之地，他将中原先进的农业耕作技术带到巴东，改善了百姓生活，有《劝农歌》为证。人们为了感谢他，为他专门修建了“劝农亭”，尊称他为“寇巴东”，野三关也被称为劝农亭。

至今野三关镇仍有一个以“劝农亭”命名的社区。清雍正八年，位于野三关口的原野三关巡检司衙门失火焚毁，县府看到“劝农亭”集市发展得颇具规模，于是决定将巡检司迁移至此，“劝农亭”也因此改名“野三关”，并沿用至今。此外，野三关镇中心还有一条以寇准命名的道路——名相路。

这里也是川鄂官盐古道、施宜茶马古道的重要驿站和节点，地理位置便利，因此也成为旅人们中途休息、周围百姓赶集之地，商铺云集，作为巴东十八集市之一的“千年老街”见证了这座古镇往日的繁华。知晓这段历史的游客来野三关，也会去看看施宜古道的如今面貌。

野三关也是红色革命战场，贺龙曾率红三军在这里击退国民党戴天民师团。抗日战争时期，恩施成为湖北省政府、机关的临时驻地，野三关老街也为人民生活提供了很大便利。今天，野三关镇上仍矗立着一座烈士陵园。野三关烈士陵园是巴东县人民政府为纪念1949年解放野三关战斗中牺牲的两位无名烈士而修建的，是当地政府部门、学校、社会进行爱国主义教育的基地。

2.灿烂的民族文化

野三关作为民族地区，拥有灿烂丰富的民族文化，巴人文化、土家族苗族文化、荆楚文化在此交汇。野三关镇是中国民间文化艺术之乡，其民间文化艺术资源丰厚，其中最有名的就是非遗项目“土家族撒叶儿嗬”，它的传承在恩施州是最好的，在全州的比赛中屡次获奖。“土家族撒叶儿嗬”展示了土家族的传统文化，至今仍是野三关民众生活中不可缺少的一部分，也是传承至今的传统民族文化。

文化中心下辖民俗文化博物馆一座，里面的展览主要介绍了野三关镇的民俗活动和风土人情。文化馆还在野三关镇下辖的26个行政村、7个社区都配备了农家书屋，定期更新图书，以供村民进行文化阅读。野三关镇有文娱广场1座，KTV4家，养生类场所10家左右，文化馆内建有一间活动室，供大家进行乐器表演练习。据了解，野三关镇政府计划修建一个大型的文化场馆——野三关体育活动中心，占地面积达83亩，内部建有网球场、足球场、篮球场、游泳馆等场馆，它同时也是一个大型的文化交流中心。

此外，在野三关的街道上还可以看到一些具有民族特色的建筑或装饰，如路灯上的摆手舞、白虎等土家文化图案，这些都是民族文化的展现。

3.浓郁的乡土文化

野三关地处武陵山区，物产丰富，土地肥沃，被誉为硒都。因此，这片土地上的作物都以富含硒、营养丰富而出名，野三关的富硒土鸡蛋、土鸡、腊肉、腊鱼、薇菜、蕨菜、核桃、板栗、魔芋、苞谷酒等产品都受到大家的喜爱。野三关镇上的古建筑群“千年老街”也成为游客打卡点，让游客充分感受到民族建筑之美。

（三）逐步完善的基础设施

1.完善的交通网络

野三关区位优势独特，318国道、沪渝高速公路、宜万铁路三大陆路通道穿境而过，东抵宜昌、西达恩施均百余公里，为二者中间点，铁路站口日停靠动车和高铁多达40趟，只需4小时便可达武汉和重庆。随着高速公路的通车和火车线路的开通，野三关镇的地理优势愈加彰显。在野三关镇内，还有公交、出租车供游客使用，从景点到住宿的酒店十分方便。

2.齐全的物资供应

野三关镇是湖北省100个重点中心镇之一，市政道路基本完善，辖区内共有3所小学、2所中学、1所高中、6所幼儿园、1所镇中心医院，文娱活动中心一处，数字程控电话、光纤传输、有线电视接驳便利。目前野三关本地小区有10个；酒店32家，其中有一个三星级挂牌酒店；民宿122家；包括在建的康养小区共有6个：品山壹号、源梦森林小镇、半城伴山、三观凤凰城、野三关壹品、关山樾。据野三关政府人员统计，目前整个镇的酒店和民宿一共可以提供5000张床位，地产销售已出售1500多套房。以一张床容纳2人，一套房容纳2人计算，7月至8月底的旺季期间，野三关每日最多可接纳13000名避暑游客。[①]2022年6月，巴东县人民政府出台《县人民政府关于印发巴东县住宿业扶持奖励办法（试行）的通知》，鼓励新建或扩建三星级及以上标准的住宿环境，针对符合文件要求的酒店民宿，则给予相应奖励。除了居住，吃、穿、行也是游客旅游的必需要素。野三关的餐饮店遍布镇中心，可以住宿的地方基本都可以吃饭，当地特色小吃店、连锁餐饮店、快餐店、早餐店等琳琅满目，可以满足不同游客的需求。随着避暑旅游业的发展，野三关的基础设施不断完善升级，以便更好地满足游客需要。

三、野三关镇旅游发展促进各民族交往交流交融的实践理路

旅游是传播文明、交流文化、增进友谊的桥梁。旅游拓宽了各民族交往交流交融的平台，充实了中华民族共有精神家园的内涵。2022年6月，文化和旅游部、国家民族事务委员会、国家发展和改革委员会联合印发《关于实施旅游促进各民族交往交流交融计划的意见》，要求以旅游业高质量发展推动各民族在空间、文化、经济、社会、心理等方面全方位嵌入。野三关镇旅游发展既带动了当地经济的发展，同时也为旅游的主体和客体之间的交往交流交融提供了良好的平台。在野三关，各民族基于旅游机缘进行的互嵌社区营造、经济互惠、文化共享和情感共融，很大程度上促进了各民族间的交往交流交融。

（一）互嵌社区：各民族交往交流交融的空间保障

社区和村落是各民族交往交流交融的重要空间。中国传统社会的族际居住格局呈现交错而居的状态。即在同一空间中居住着多个民族。不过，中国传统的居住格局明显具有内生性和向心力。各民族之间基于商品贸易、族际通婚、节日庆典、民间信俗等活动所进行的交往交流交融活动，

① 方汶锋，男，33岁，野三关镇人民政府文化旅游发展办主任，2022年8月29日上午接受访谈。

使各民族之间建立了深厚的民族情感，使各民族建立了对中华民族和中华文化的认同，这也是中华民族具有强大凝聚力和向心力的重要基础。改革开放以来，随着人口流动规模的增大和速度的加快，社区和村落呈现新的样态。特别是近年来随着旅游业的发展和避暑经济的快速发展，民族地区的传统村落及社区出现了明显的变化。越来越多的都市人在避暑地购房或长时间租房，进一步改变了当地的居住结构。在野三关，因旅游业和避暑产业的发展，家庭式民宿和商业避暑房如雨后春笋般涌现，成为各民族交往交流交融的重要阵地。

据野三关镇政府工作人员介绍和笔者初步统计，截至2023年7月，野三关镇的酒店和民宿至少可以提供5000张床位，能够满足上万人的住宿需求。同时，野三关镇还有森林小镇、硒都华庭等多个避暑房项目开盘售房，且至少有1500多套避暑房已经销售完毕。因此，野三关每日可接纳避暑游客的数量至少在13000人以上。[①]无论是家庭式民宿还是商业避暑房，都深深地影响了当地民众的居住格局。特别是每年6—8月旅游旺季，数以万计的游客汇聚野三关，在民宿中共居共乐，在避暑小区和旅游景点中相互接触，促进了相互之间的交流。可见，基于旅游、避暑的需求，家庭式民宿和商业避暑房逐渐成为各民族交往交流交融的新场域。

（二）经济互惠：各民族交往交流交融的物质基础

1.旅游投资完善了野三关镇的基础设施

近年来，随着国家对西部地区帮扶力度不断加大，大量的中央转移支付资金被用于西部地区的经济建设，很大程度上改善了当地的经济投资环境。地处西南咽喉的野三关也搭上了国家大力发展民族地区的快车。沪渝蓉铁路、沪渝高速、318国道、四渡河大桥、在建的巴张高速等，便利了当地的交通。其中，四渡河大桥不仅是沪渝高速重要的连接桥，同时也成为野三关乃至中国的名片。2018年10月，四渡河大桥拿到旅游观光通道

① 方汶锋，男，33岁，野三关镇人民政府文化旅游发展办主任，2022年8月29日上午访谈。

建设施工许可证。该桥观光区分为观光通道、上下梯道和东岸锚索区景观平台等多个景点，设置凌空穿越四渡河大桥、极限运动蹦极、高空特技表演、峡谷水上长廊等项目，是野三关国际旅游度假区——高桥峡谷景区的核心部分。每年都有许多游客慕名而来，一睹我国最大悬索桥的宏伟壮观。

野三关镇不断完善的基础设施吸引了越来越多的外来投资者。2018年5月，来自宜昌的杨玉丽团队围绕野三关地区硒、野、凉等特征，规划了以森林花海景区、森林度假酒店、农业公园、森林小镇、野三关高山马拉松等六大核心板块产业。经过多年的努力，森林花海发展成为3A级景区，森林酒店成为网红酒店，农业观光示范园也于2023年4月30日开园。该团队打造的小镇项目先后获得"省级重点建设项目""全国森林康养试点建设单位""湖北避暑旅游目的地""中国田径银牌赛事""2021年度宜荆荆恩住博会旅游产地示范楼盘"等荣誉。该投资集团还致力于带动当地人就业，帮助村民发展民宿、餐饮等旅游配套行业，援建村民文化广场、体育广场等公共活动空间，为当地旅游业的发展注入了力量。国家和投资集团在野三关镇进行的投资，完善了当地的基础设施建设，为其发展旅游业打下了坚实的基础。

2.旅游产品拉近了各民族人民的心理距离

旅游的目的是获得独特的体验，它是一种情绪消费，通过旅游，人们往往能够舒缓心境。游客对旅游产品的体验往往形成其对旅游目的地的直观感知。在野三关镇，借助宜居的生态环境、绿色的食品、静谧的乡村生活、绚丽的传统文化、多彩的民族文化，游客获取了对当地的直观感知。同时，随着游客与当地人持续的共居与互动，逐渐形成对当地环境、文化、生活方式等方面的认同。并逐渐从他者向半个当地人转变，进而拉近了各民族之间的心理距离。

（三）文化共享：各民族交往交流交融的重要推力

中华文化是各民族交融共生的历史结果。习近平总书记多次提出要把中华优秀传统文化与中华民族共同体建设、国家现代化建设紧密联系在一起，认为“中华优秀传统文化是中华民族的文化根脉”[①]，我们“必须促进各民族广泛交往交流交融……促进各民族在理想、信念、情感、文化上的团结统一，守望相助、手足情深”[②]。

中国是一个多民族国家，各民族在长期的生产实践和相互交融中形成了丰富灿烂的传统文化，这些物质的、非物质的文化遗产，是中华民族文化的重要组成部分，是联系民族感情的纽带，是促进民族交往交流交融的重要路径。[③]野三关镇具有悠久的历史，同时，当地又是一个多民族文化交汇的区域，因此，在多民族长期的互动中形成了类别丰富的物质文化、节俗文化，近年来，随着旅游业的发展，当地又出现了独具特色的景区文化。

1.物质文化：各民族交往交流交融的有形抓手

物质文化是各民族交往交流交融的有形抓手。在野三关地区，物质文化资源十分丰富。在野三关，随处可见当地独特的吊脚楼，其中最著名的则是老街两侧的吊脚楼群。野三关老街沿地形展开，两侧的吊脚楼依山叠层而建。老街的道路铺满了青石板，增添了老街的厚重感。同时，当地还保留了清朝时期建造的砖木结构建筑群。这些建筑群呈四合院式，用青石条铺成天井，一处建筑群往往有一个或多个天井。这些天井把建筑群的使用功能安排得实用合理，既解决了通风、采光、通水等问题，又是连接建筑群各单元的通道。这些具有当地民族特色的传统建筑以及具有交融性特征的古建筑，成为外来游客观光游览、饭后散步的最佳选择，亦是他们触摸当地文化、感受厚重历史的最佳途径。

野三关地区的饮食文化也是吸引游客的重要元素。用玉米粉、大米精心制作的“金包银”饭是当地备受欢迎的主食。合渣、豆豉、炕洋芋、酢广椒、玉米粑粑、腊蹄子、炕豆腐等，无不撬动着游客的味蕾。同时，野

① 习近平：《决胜全面建成小康社会夺取新时代中国特色社会主义伟大胜利——在中国共产党第十九次全国代表大会上的报告》，《党建》2017年第11期。

② 习近平：《以铸牢中华民族共同体意识为主线推动新时代党的民族工作高质量发展》，《人民日报》2021年8月29日。

③ 玉璐：《从“小家”到“大家”的民族共享节日——以国家级非遗瑶族盘王节为中心的考察》，《湖北民族大学学报（哲学社会科学版）》2023年第4期。

三关盛产的各种香型的白酒为当地增添了另一种韵味。

总之，无论是呈现野三关千年历史的古建筑、历史文化街区，还是当地具有民族特色的饮食文化，都是外来游客了解野三关的重要途径。外来者和当地居民正是基于日常生活的衣食住行，加强了相互间的交往交流交融。

2. 节俗文化：各民族交往交流交融的有感形态

节日庆典、传统习俗、重要仪式等非物质形式的文化则是各民族交往交流交融的深层次表达。非物质文化遗产关涉民众物质生活、精神生活和社会生活等诸多层面，非物质文化遗产以自在自为的状态深植于各民族生产生活中。[①]在促进各民族交往交流交融的时代使命中，离不开对节俗文化等非物质文化遗产的活态利用。

在野三关，曼妙隽永的土家歌舞打开了秘境巴东的神秘面纱；号子、小调等传统民歌则再现了大山深处传统的沟通方式；极具感染力的“撒叶儿嗬”则是土家族歌颂祖先、礼赞生命的畅快表达；精美深邃的花灯艺术则成为节日庆典的恰当点缀。这些原生态、表现各民族互相融合的节俗文化形成野三关独特的文化魅力。表演者以舞传情、以歌答意、以俗化境，表现出奥妙无穷的感染力，让游客在文化盛宴中感受生命的意义，在文化体验中不自觉地产生共鸣。

3. 景区文化：各民族交往交流交融的有效途径

如果说物质追求、节俗文化体验是游客的重要追求，那么景区文化则是吸引游客选择这里而不是其他地区的关键因素。在野三关，虽然没有太多声名远播的旅游景点，但不乏具有差异化的旅游体验。如以滑雪著名的绿松坡是冰雪爱好者的天堂；森林花海则是最佳的摄影地，其中的彩虹滑道更是网红打卡地。此外还有邓玉麟将军故里、四渡河大桥、天生石桥、地下宫殿（在开发）等景点，都是避暑客们不容错过的景点。这些景点及其背后的文化，使游客在身体放松之余，增添了对当地社会、历史、文化的感知。如在我国桥梁史上占据重要地位的四渡河大桥不仅是沪渝高速的

① 王丹：《非物质文化遗产铸牢中华民族共同体意识的实践路向》，《文化遗产》2023年第3期。

重要纽带，同时也是我国桥梁建造技术快速发展的重要见证。来自各地的各民族游客以此为媒，既了解了当地发展的历史，又对我国经济社会的发展有了直观的感受。因此，可观可感的景区文化是促进各民族交往交流交融的有效路径。

（四）情感共融：各民族交往交流交融的内在动力

情感是人对客观事物是否满足自己的需要而产生的态度体验。在人际关系中，情感的产生源自相互间的持续互动。在社会生活中，民众之间因彼此依赖，相互往来，构建了共同的生活、共同的情感和共同的思想。在旅游地，游客和旅游从业者及当地居民之间因长期的共居生活、共同的目标追求、不同的角色分工及族际交友，延展了各自的关系网络，密切了群体间的联系，促进了各民族的心理认同。游客和旅游从业者群体的角色分工决定了两者能够保持持续的互动。作为服务者，不管是民宿、餐饮店老板，还是景区服务人员，以服务为主要产品形式的他们时刻关注着游客的需求和心态变化。因此，两者间基于服务与被服务关系，他们的交流是持续的。甚至在通常情况下，良好的服务体验使这种关系变得可持续，进而出现许多多年惠顾的老客户。

共同的目标追求则是游客群体间建立密切关系的重要推力。无论是野三关，还是建始花坪、利川苏马荡、神农架等地，它们的共性特征是游客的目标追求十分相似，即避暑+休闲娱乐。这些地方的避暑条件基本上差别不大，当地的旅游生活方式也大致相同，多为民宿+农家乐+棋牌活动。不同的是参与群体的差异使他们的休闲娱乐活动有了不一样的体验。在此过程中，共同的娱乐、兴趣爱好往往能够成为“小团体”的黏合剂。在野三关，经常可见因共同爱好组成的小团体。他们或是棋牌室室友，或是户外活动爱好者，或是乐队成员，或是舞伴。共同的娱乐和兴趣使游客群体进行了细分和重组，进而促进了不同群体间的交往。

在服务与被服务关系的持续深化中，在基于共同兴趣爱好的小团体不断加固的过程中，跨区域、跨民族的交友成为可能。因彼此间的不断认可和情感依赖，游客和从业者之间逐渐建立了超越角色分工的亲密关系，其表征就是节日问候的如约而至、土特产的不定期邮赠、回头客的再次光顾和亲友群体的加入。共同的兴趣爱好群体则因共同的目标追求逐渐形成“熟人关系”，其显著表征是日常生活的协同性和来年避暑地选择的趋同性。可见，无论是游客和服务者之间还是游客群体之间，持续的交往交流深化了彼此间的联系，进而建立跨越区域和族群的亲友关系，延展各自群体的关系网络，促进了各民族、各群体之间的交往交流交融。

四、结　语

新时代，旅游正发挥着更加重要的作用。它不仅限于促进经济的增长，同时，旅游地作为一个特殊的共生空间，越来越影响着参与群体间的互动与亲密关系的塑造。在旅游地，随着避暑经济等新业态的出现，以民宿和避暑房为主要形式的互嵌社区逐渐形成，成为各民族交往交流交融的空间保障。同时，以旅游开发和旅游产品设计展销为主要形式的经济互惠则为各民族交往交流交融提供了物质基础。游客在旅游地与当地文化的零距离接触则是各民族交往交流交融的重要推力。各角色群体因持续的互动、共同的目标追求、族际的交友和和谐的共居生活，使他们之间逐渐实现情感的共融，进而为各民族进一步的交往交流交融提供了内在动力。不过，以旅游产业为抓手促进各民族交往交流交融的实践还需在旅游资源开发、旅游产品展销、旅游主体培育等方面不断凸显各民族交往交流交融的符号体系，呈现中华民族共享文化符号，加强中华民族共同体意识教育，做好旅游空间营造、旅游路线规划、旅游宣传设计、旅游产品展销、旅游主题教育等各方面工作。